水西·书系
SHUIXI SHUXI

一个人是千万人的出发点

给家长的建议

陈茂林 著

GEI JIAZHANG DE JIANYI

山西出版传媒集团
山西教育出版社

图书在版编目（CIP）数据

给家长的建议 / 陈茂林著. -- 太原：山西教育出版社，2022.7

（爱的驿站）

ISBN 978-7-5703-2247-3

Ⅰ.①给… Ⅱ.①陈… Ⅲ.①家庭教育—文集 Ⅳ.①G78-53

中国版本图书馆CIP数据核字（2022）第045268号

给家长的建议
GEI JIAZHANG DE JIANYI

责任编辑	樊丽娜
助理编辑	刘　宇　陈　莹
复　　审	刘继安
终　　审	康　健
装帧设计	陈　晓
印装监制	蔡　洁

出版发行　山西出版传媒集团·山西教育出版社
　　　　　（太原市水西门街馒头巷7号　电话：0351-4729801　邮编：030002）
印　　装　山西人民印刷有限责任公司
开　　本　890×1240　1/32
印　　张　8.5
字　　数　200千字
版　　次　2022年7月第1版　2022年7月山西第1次印刷
书　　号　ISBN 978-7-5703-2247-3
定　　价　42.00元

如发现印装质量问题，影响阅读，请与出版社联系调换。电话：0351-4729718。

序

张卓玉

读《给家长的建议》一书，激起了我许多的思考。

我在想，假如以本书所提出的建议作为测试标准，对正在做父母尤其是正在做中小学生父母的家长做一测试，有多少家长会得到及格的分数呢？由此推想，假如政府或专门机构提出一套家长水平测试标准，家长素养状况将会如何呢？

我在想，做家长是人一生中不可逃避的一个岗位。仅从教育与监护的职责讲，家长"在岗时间"长达18年。时下流行上岗培训、行业准入证一类做法，意在保证从业者的基本资格。而我们为什么不对家长进行岗前培训呢？为什么不设家长准入制呢？在生育之前，在孩子入幼儿园之前，在孩子上小学、初中或高中之前，家长们都要做各种各样的准备。在诸多的准备中，家长为做一个合格的教育者的准备能占多大的份额呢？

必须承认，家长素养和家长教育是教育的重要组成部分。对家长而言，当希望孩子进步、希望孩子优秀的时候，应该首先叩问：作为家长的自己在进步吗？自己是一个优秀的家长吗？对学校而言，家庭是延伸的课堂，家长是不领薪水的编外教师。家庭教育与学校教育的合作水平应是教育成功的基本保证。对政府而言，随着社会的进步，福禄贝尔的那句名言越发显示出深刻性："国民的命运，与其说是操在掌权者手中，不如说是握在母亲的手中。"既然对儿童的教育是政府的义务，那么，政府在为学校教育提供经费、师资保障的同时，政府为家长素养的提升该承担怎样的责任呢？好在越来越多的有识之士认识到家长素养的重要性，我为能提早拜读《给家长的建议》而高兴。几年以前，我曾给陈茂林院长的《给老师的建议》写过小序。

此后，陈院长出版了《给校长的建议》。日前交谈，得知陈院长正在撰写《给学生的建议》。我深为这种思考的深刻与成熟而折服：教师、校长、家长、学生——这不正是完整的学校和成功的教育缺一不可的构成因素吗！

  这种深刻与成熟不是偶然的。陈茂林院长早年在政府部门从事教育行政工作，后来在山西省教育学院做院长。退休以后，继续从事教育活动。我深信，陈院长具备讨论这样一个教育话题的全部条件。家庭教育的方法都是建立在相应教育理论与教育信念基础之上的，而陈院长多年来不断探索，不断实践，形成了对教育的系统思考。唯其如此，才能高屋建瓴地谈论家庭教育中的各种现象。家庭教育同时是实践性极强的一种教育活动，仅有理论是不够的，这些建议充分体现了一个老教育工作者的智慧与学识。我相信本书的每条建议都会给家长以指导和启迪。

　　本书令我最为敬仰的是书中所体现的一个教育家的责任与情怀。十多万字的著述，出于一个耄耋老人之手，动因何在？为了职称？为了名声？不！是为了更多孩子们的成长，为了更多家庭的幸福，为了祖国的明天，为了一生忠诚的教育事业。

目　录

先成人，再成才 …………………………………… 1
学会关"心" ………………………………………… 3
我把素质比作一棵大树 …………………………… 5
己所不欲，勿施于娃 ……………………………… 7
巧用心理暗示 ……………………………………… 9

只有理解与宽容才能理智对待失败 …………… 11
你家孩子愿意和你说心里话吗？ ……………… 13
给孩子留面子 …………………………………… 15
精心维护人生的发动机 ………………………… 17
大人的矛盾不要表现在孩子面前 ……………… 19

喊破嗓子不如做出样子 ………………………… 21
善与人处 ………………………………………… 23
学会适当放手 …………………………………… 25
待子如客 ………………………………………… 27
每一朵莲藕都有自己的花期 …………………… 29

争做孩子的"情绪缓冲垫" ……………………… 31
孩子说谎，家长何为 …………………………… 33
批评的艺术 ……………………………………… 35
你是"复读机"父母吗？ ………………………… 37
用关心和尊重打开孩子封闭的心灵 …………… 39

- 为孩子树立人格榜样…………………………… 41
- 批评孩子有技巧………………………………… 43
- 莫把饭桌当第二课堂…………………………… 45
- 与孩子多些交流，少些责备…………………… 47
- 赞美使孩子更好地前进………………………… 51

- 父母不该说的话………………………………… 53
- 合作，让孩子一生受用的本领………………… 55
- 教会孩子花钱，是父母重要的必修课………… 57
- 别触碰孩子的底线……………………………… 59
- 信守诺言，但不要轻易许诺…………………… 61

- 正确看待考试分数……………………………… 63
- 没有兴趣的特长不能长久……………………… 65
- 孩子需要挫折…………………………………… 67
- 妈妈的审美，藏着孩子的模样………………… 69
- 说说孩子的衣着打扮…………………………… 71

- 大爱不爱………………………………………… 73
- 学会拒绝………………………………………… 75
- 话说孩子"不争气"……………………………… 77
- 不要小看习惯的力量…………………………… 79
- 如何培养孩子的良好习惯……………………… 81
- 和孩子一起去旅行……………………………… 83

家庭变化了如何教育孩子 ………………………… 85
活着的意义 …………………………………………… 87
抓住机遇，挑战自我 ………………………………… 89
学会调动孩子的主动性 ……………………………… 91
幻想如何成为理想？ ………………………………… 93

让孩子尽情玩耍 ……………………………………… 95
每个孩子都蕴藏着优势 ……………………………… 97
奋发努力是回报歧视的最好做法 …………………… 99
引导孩子立大志，干大事 …………………………… 101
让孩子懂得自尊、自信、自强 ……………………… 103

不要让孩子在"温床"中长大 ……………………… 105
什么是心理与心理素质 ……………………………… 107
何为心理健康 ………………………………………… 109
父母是孩子的榜样 …………………………………… 111
父母应正确对待孩子 ………………………………… 113

父母需正确对待自己 ………………………………… 115
如何"惩戒"孩子 …………………………………… 117
"听话"真的好吗？ ………………………………… 119
放手，让孩子学会"吃苦" ………………………… 121
父母是孩子的榜样 …………………………………… 123
顺其自然不可取 ……………………………………… 125

- 操之过急不科学 ·············· 127
- 人生的路要自己走 ·············· 129
- 当孩子面临"大河""高山"时 ·············· 131
- 如何正确指导孩子看手机 ·············· 133
- 善待孩子的客人 ·············· 135

- 鼓励孩子交朋友 ·············· 137
- 如何指导孩子交朋友 ·············· 139
- 家庭教育，父亲不应缺席 ·············· 141
- 鼓励孩子多读书 ·············· 143
- 父亲如何与孩子交流 ·············· 145

- 孩子的潜能有多大 ·············· 147
- 做孩子潜能激发的助力者 ·············· 149
- "言传身教"，做好榜样 ·············· 151
- 在解决矛盾中促进学生发展 ·············· 153
- 理解、尊重与交流 ·············· 155

- 意外的收获 ·············· 157
- 受挫折是好事 ·············· 159
- 三句箴言需铭记 ·············· 161
- 兴趣是最好的老师 ·············· 163
- 以"多元智力理论"带动家庭教育 ·············· 165
- 家庭文化 ·············· 168

- "不学礼，无以立" ……………………………… 170
- 世界上没有完全相同的两片树叶 …………… 172
- 因材施教，长善救失 ………………………… 174
- 父母要理解孩子 ……………………………… 176
- 开展研究性学习 ……………………………… 178

- 培养孩子"身体健康十个一" ………………… 181
- 劳动最光荣，教育不可少 …………………… 183
- 良好的口才是孩子步入社会的一张门票 …… 185
- 人无信而不立 ………………………………… 187
- 辩证对待网络利弊 …………………………… 190

- 滴水之恩，当涌泉相报 ……………………… 192
- 跨越障碍，走出困境 ………………………… 195
- 做中教、做中学、做中进步 ………………… 198
- 树立正确的家庭教育观 ……………………… 200
- 信仰是灵魂 …………………………………… 203

- 立身、立业、立家 …………………………… 205
- 母亲是家里的根 ……………………………… 207
- 父亲是家里的梁 ……………………………… 209
- 家和才能万事兴 ……………………………… 211
- 婆媳之道：难得糊涂 ………………………… 213
- 发扬邻里相处的文化传统 …………………… 215

- 构建高尚的"天然熔炉" ……………………… 217
- 家里也要讲究礼仪 ……………………………… 219
- 树立职业活动新理念 …………………………… 222
- 星星点亮黑夜,感恩照亮心灵 ………………… 224
- 消费的层次、观念与原则 ……………………… 226

- 掌握常识,文明通信 …………………………… 228
- 说话是有讲究的 ………………………………… 230
- 遵守餐桌礼仪 …………………………………… 233
- 做一个人们愿意与你交往的人 ………………… 235
- 网络世界的生存法则 …………………………… 237

- 老吾老,以及人之老 …………………………… 239
- 维系亲情,守护友情 …………………………… 241
- 坚持有意义的休闲 ……………………………… 243
- 挫折是一只走向成功的船 ……………………… 245
- 书中自有黄金屋 ………………………………… 247

- 在理解、尊重、信任中形成家校合力 ………… 250
- 表扬要讲究艺术 ………………………………… 252
- 批评要讲究技巧 ………………………………… 254
- 惩戒要讲究尺度 ………………………………… 256

先成人，再成才

家庭教育的内容可以说出很多很多，但是第一位的还是让孩子有个好的品德。

数学大师苏步青，是国际公认的几何学权威，被誉为"东方国度上灿烂的数学明星"和"东方第一几何学家"。是什么把他引入了神秘的数学王国？又是谁影响了他一生的道路？最近看了《苏步青——数学宗师的诗卷人生》一文，才找到了答案。

苏步青念中学时，对数学还没有什么兴趣。初三时，学校来了一位姓杨的数学老师。第一堂课，杨老师并没有讲数学，而是讲国际形势，讲了当时弱肉强食，各国列强都想吞食瓜分中国；讲了天下兴亡，匹夫有责。结束时杨老师告诉同学们："为了救亡图存，必须振兴科学，数学是科学的开路先锋，为了发展科学，必须学好数学。"杨老师的这一堂课，使苏步青认识到数学的重要性，并影响了他的一生。

由此，我想到了家庭教育。所有的父母都企盼自己的孩子成人成才，这种企盼并非狭隘的自私自利，其实质是一种纯真的社会责任心。因为，家庭是社会的细胞，社会的强盛是扎根在家庭这一基础上的。家庭和睦，社会祥和。家庭教育搞好了，学校教育就有了配合，整个社会就会在一代又一代新生力量的奋斗中阔步向前。

但是，父母对子女的教育最基本、最重要的是什么？是让孩子有个好的思想品质和道德行为，这是第一位的，也是孩子走向社会，求生存、求发展的第一要素。我在一篇文章中说过：学校是什么？学校是教育学生如何做人的地方。教师是什么？教师是学生如何做人的榜样。这句话同样适合于家庭教育。家庭是什么？家庭是教育子女如何做人的地方。父母是什么？父母是子女如何做人的榜样。很多人都说，子女是父母生命的延续。只有当父母意识到自己是子女的榜样并努力做好这一榜样时，自己的生命才有意义，这种延续才有价值。

你看，杨老师的一堂课，不仅使苏步青爱上了数学，而且影响了他的一生。原因是什么？是杨老师忧国忧民的深厚感情，是杨老师救亡图存的爱国热情，是杨老师身体力行的人格力量。杨老师由国家的衰败讲到科学的重要，由科学的重要讲到数学的作用，把国家、科学、数学看作一个有机体，这是苏步青学好数学、发展科学、报效国家的真正动力，也是他终身从教、回报社会的真正动力。

家庭教育的内容可以说出很多很多，但是第一位的还是让孩子有个好的品德。

学会关"心"

> 对孩子真诚的爱,是让他们体验艰难、经受挫折、磨炼意志、学会生存,这才是最重要的精神财富。

所有父母都希望自己的子女身体健康,并且为此付出了极大的精力。但是,你知道什么是健康吗?

世界卫生组织曾给健康下过一个定义:"所谓健康,不仅在于没有疾病,而且在于肉体、精神、社会生活各方面的正常状态。"可见,健康包括身体和心理两个方面,就是通常说的身心健康。

人的身体健康包括形体发育正常,各个脏器没有疾病,具有适应自然环境变化和抵御疾病的能力。虽然人的身体素质以先天为主,但后天因素也起重大作用,诸如生活环境和经济条件,是否掌握了保护身体的科学知识,是否参加体育锻炼等。身体健康靠锻炼,如果父母能身体力行,带领孩子坚持锻炼,无论对父母还是对孩子都是大有好处的。健康的身体是从事工作的基础,没有健康的身体,即使理想再宏伟也只能是"力不从心"或"心有余而力不足"。

人的心理健康的主要标志是适应和承受外在压力的能力，即能够适应和承受各种意外情况并能够冷静、理智地加以处理。对于青少年的心理健康有人归纳出五点：乐观，有一个满意的心情；善于与人相处，有一个和谐的人际关系；言行一致，具有统一的人格；能客观地认识自己，并有不断向上的勇气与毅力；具有爱心，知道个人的成长离不开社会的发展，能融入社会，与社会发展协调一致。

一般来说，父母对孩子的身体健康是重视的，但对孩子的心理健康却处于不自知的状态。其实，身心健康的关键在心理健康。如果身体有疾病，只要心理健康，通过积极锻炼、及时治疗、科学调养，就可以得到恢复或康复起来；如果心理不健康，整天闷闷不乐，即使先天素质很好，也会慢慢变得弱不禁风。大家都说人是需要有精神支柱的，其实，心理健康就是人的精神支柱。一旦没有了精神支柱，人的躯体就会倾斜，甚至倒塌。因此，父母一定要十分重视孩子的心理健康。

心理健康也要靠锻炼。父母要有意识地让孩子在实践中经受磨炼，既体验成功的喜悦，也体验失败的痛苦，知道什么是挫折，什么是艰苦。博大的胸怀、广泛的兴趣、丰富的情感、坚强的意志、良好的习惯、顽强的毅力和敢于拼搏的品质，很大程度上是在实践中锻炼出来的，而不是别人讲出来的，也不是书上念出来的。

我把素质比作一棵大树

我把素质比作一棵大树：身体素质是树根，社会素质是树干，心理素质是树叶。根深、枝壮、叶茂，才算一棵大树，这就是为什么必须坚持全面发展的基本道理。

学校实施素质教育，家长如何配合？首先应该知道什么是素质。

人的素质主要是由以下三个方面组成的：

一是社会素质。社会素质一方面包括社会科学知识、自然科学知识和生产技术。学校开设的各种课程，组织的各种活动，就是要让学生既掌握科学文化知识，又提高实际动手能力。懂知识，有理想，敢实践，是叫人们学真。因为在科学技术上不允许有半点虚假，必须实事求是，踏实认真。另一方面包括思想情操和道德行为。学校把德育工作放在首位，强调教师要教书育人，就是要让学生不仅在道理上懂得要有好的思想品质，而且在生活中能有良好的道德行为。思想情操和道德行为是叫人们向善。因为只有善待自己、善待他人、善待社会，才能和谐一致、协调发展。第三是文化修养和艺术水平。学校开设的各种艺术教育课程，开展的各种艺术活动，就是要激发学生热爱美、追求美的兴趣，提高学生的文化修养和艺术水平。文化修养和艺术水平是叫人们爱美。因为只有能够欣赏美、鉴别美的人才能创造美。总之，社会素质是让人具有真、善、美的品质。

二是心理素质。人的心理素质是指智力因素与非智力因素结合后表现出来的品质。智力因素也叫智商，就是人们通常说的智慧和聪明程度，它包括观察力、注意力、思维力、想象力和记忆力等。非智力因素也叫情商，包括情感、意志、毅力、兴趣、爱好、行为和习惯等。提高心理素质，就是不仅要使孩子的智力因素与非智力因素都得到充分发展，而且要紧密结合，为他们养成良好的心理素质奠定基础。心理素质是非常重要的，有些人的失败不是缺乏知识，不是没有能力，不是不想成功，而是心理素质不好。

三是生理素质，也叫自然素质或身体素质，包括人的形体、器官、神经等。虽然这些素质是与生俱来、先天为主的，但是后天因素也有很大作用。人们经常说"物质是基础"，那么人的身体素质就是生活、工作的物质基础。体弱多病，再好的生活也享受不了，再好的愿望也不可能实现。

素质是一个综合体，哪一部分有缺陷或出了毛病都会影响整体。我把素质比作一棵大树：身体素质是树根，社会素质是树干，心理素质是树叶。根深、枝壮、叶茂，才算一棵大树，这就是为什么必须坚持全面发展的基本道理。

己所不欲，勿施于娃

凡是要求孩子做到的，自己首先做到；凡是要求孩子不做的，自己首先不做。"言行一致，表里如一"，这是父母最基本的行为准则。

孩子没有考好，或者没有受到表扬，或者进步不快，有人就认为自己的孩子不聪明，其实这样的认识是没有根据的。如果因此而埋怨孩子，甚至训斥、打骂孩子，更是不科学的，它会对孩子的成长造成严重的伤害。

我想告诉你的是：要相信自己的孩子。

所谓聪明或智慧，是一个人智力因素表现的程度。人的智力因素主要是指观察力、注意力、思维力、想象力、记忆力这五种能力。凡是一个健全的人，都具有这五种能力。两只眼睛是用来观察的，正常的大脑是用来思维、想象、记忆的，注意力更是人的一种本能。大量研究表明，智力因素超常的儿童只占百分之一至百分之三，也就是说，百分之九十七到百分之九十九的儿童智力水平是相同或相近的。既然这样，怀疑自己的孩子智力低下、不够聪明，就没有科学依据，要相信你的孩子。

但是，智力因素本身并没有积极性，只有当它和情感、意志、毅力、兴趣、爱好、行为、习惯这些非智力因素结合在一起的时候，才会显得异常主动、活跃。比如，当孩子对某件事非常有兴趣的时候，他的观察力、注意力就会十分集中；当他对某位老师非常崇敬的时候，对这位老师所说的话和所上的课必然有强烈的兴趣；当他对某门课付出了艰辛的努力后，这门课一定会取得优秀的成绩；当他的情感非常激动时，想象力才会插上翅膀，飞得很远很远；当孩子不怕吃苦，意志和毅力得以充分发挥的时候，记忆力就会令人惊奇。所有这些都说明，是非智力因素调动智力因素的积极性。

为了充分激发孩子的智力因素，使孩子变得更加聪明，父母要从兴趣入手，精心呵护孩子已有的兴趣，大力培养与激发有利于孩子成长的兴趣，让兴趣成为孩子最好的老师和最大的动力。要培养孩子的爱心，爱自己、爱父母、爱他人、爱社会、爱世界上所有的生灵，让爱心成为孩子情感的主流。要有意识地让孩子经受挫折，体验苦难，既要身在福中须知福，又要身在福中能吃苦，让意志和毅力成为孩子走向社会后的重要支柱。要引导孩子养成良好的行为习惯。凡是要求孩子做到的，自己首先做到；凡是要求孩子不做的，自己首先不做。"言行一致，表里如一"，这是父母最基本的行为准则。

广泛的兴趣爱好，丰富的感情世界，坚强的意志毅力，良好的行为习惯，是孩子健康成长并获得成功的重要因素。

巧用心理暗示

没有一个父母不关爱自己的孩子,没有一个父母不希望自己的孩子成人成才。那么,就从夸奖开始。夸奖出自信,自信出效果。请记住:好孩子是夸出来的。

一位心理学家做了这样一个实验:新学年开始不久,他到一个新入学的初中一年级班里,找来学生名册,随意记下了12个学生的名字。然后,他找到这个班的班主任老师说:"经过测试,你们班这12个学生智商很好,非常聪明,可以肯定他们是很有发展潜力的孩子。"班主任听了很高兴,又一个一个告诉学生说:"努力啊,专家说你智商很高。"学生听了异常兴奋,因为专家说自己智商高,有潜力。回家后,又把这一信息告诉了父母。父母听后也很高兴,因为专家说自己的孩子很聪明,有发展潜力。就这样,从12个孩子到老师、家长,都处在一种特定的生活与学习氛围中;孩子们觉得自己智商高,有潜力,做什么也不甘落后;老师们觉得这些学生底子好,有后劲,既敢于严格要求,又善于及时表扬;家长们觉得自己的孩子变了,变得聪明、勤奋,时时流露出信任的眼神。一年后，这位心理学家带着仪器和设计好的问卷到这个班里测试，这12个学生的各项指标均名列前茅。

这一实验告诉我们，激发和保护孩子的自信心是非常重要的。这12个学生之所以各项测试指标均名列前茅，就是因为他们充满自信。

人的自信心是从哪里来的？对孩子来说，很大程度来自激励、表扬与夸奖。小孩子学走路，开始时总是揪住大人不放手，因为他还没有尝试过走路，怕摔倒。大人拉着走，扶着走，一边学，一边夸奖，经过反复尝试，摔倒了，爬起来再学，终于学会了走路。再往后，他们走路时不愿意让大人拉着或扶着了，因为他们有了独立行走的自信心。如果当初怕摔倒而不让他们学习走路，很可能永远不会走路。所以当孩子遇到困难时，父母要与孩子共同向困难发起挑战，鼓励孩子去战胜困难。当孩子遇到挫折或失败时，切记不要埋怨、不要训斥，更不要打骂，而要与孩子一起分析失败的原因，鼓励孩子下一次做得更好。当孩子受到表扬，获得成功时，要与孩子同喜同贺，通过夸奖进一步激发孩子的自信心。

前些日子我到一所学校，发现学生穿的背心上印有"我能行"三个大字。我想，这是在激励学生的自信心。没有一个父母不关爱自己的孩子，没有一个父母不希望自己的孩子成人成才。那么，就从夸奖开始。夸奖出自信，自信出效果。请记住：好孩子是夸出来的。

只有理解与宽容才能理智对待失败

孩子遭遇失败未必是坏事，处理得好，它会成为宝贵的精神财富。父母不要怕孩子有失败，越是失败，越要鼓励，让孩子从失败走向成功。

小孩子的失败大多是非过失性的，比如想考好而没有考好，想做好某一件事结果却没有做好，想受到表扬而没有受到表扬……面对孩子的失败怎么办？下面这个故事可能对父母有所启发。

美国一位化学家获得诺贝尔奖后接受了记者的采访。记者问："什么原因使你获得了诺贝尔奖？"化学家略加思索后答道："这和我三岁时母亲的一次教育有关。"

于是他讲述了三岁时发生的一件事：一天，他去冰箱里取牛奶，奶瓶刚拿出冰箱就掉在了地上，牛奶洒了一地。母亲看见了，没有发火，没有训斥，而是笑着说："你可真会开玩笑，把我们家变成了牛奶的海洋。既然已经洒了，就让我们来讨论一下如何清理牛奶。一个办法是用拖布拖掉，一个办法是用海绵吸掉，请你选择一个办法。"他选择了用海绵吸干的办法。正要清理时，母亲又问道："你看我们要不要在牛奶里玩几分钟？"喜欢玩水的孩子当然愿意玩牛奶，于是母子俩脱掉鞋，在牛奶里玩了起来。清理完牛奶后，母亲说："下一节课，我们学习如何拿奶瓶才不会摔破。"母亲领着他来到后花园，找来一个旧奶瓶，装满水，盖好盖，告诉他手握在什么地方。经过尝试，他学会了拿奶瓶，最后成功了。他说："从此以后我知道了不要怕失败，正是不怕失败才使我获得了成功。"

小孩子做事情出现失败是正常的，因为他们正处在认识世界的成长阶段。平心静气想一想，每一个孩子都是争强好胜，都想把事情做好的。如果失败了，作为父母应该怎么办？第一要理解。世界上没有常胜将军，"一帆风顺""万事如意"只是一种美好的祝愿，谁都有成功，谁都有失败，孩子更是如此。只有理解，才能宽容，才能理智地对待孩子的失败。第二要鼓励。鼓励孩子不要怕失败，成功就是战胜失败的结果，让孩子从父母那里得到精神上的支持。第三要和孩子一起分析失败的原因，让孩子"吃一堑长一智"，增强经受挫折、不怕失败的能力。

孩子遭遇失败未必是坏事，处理得好，它会成为宝贵的精神财富。父母不要怕孩子有失败，越是失败，越要鼓励，让孩子从失败走向成功。

你家孩子愿意和你说心里话吗？

善于倾听既是一种观念，也是一种艺术。为了孩子，应从善于倾听做起。

我做过一个小范围的调查，在我居住的周围，找了17个孩子（有小学生、中学生），询问如果有心里话愿不愿意和父母说，敢不敢和父母争辩。结果是，除7个小学低年级孩子愿意和父母说心里话外，其余都表示有的心里话愿意说，有的不愿意说。除3个孩子表示敢于争辩外，其余的均摇头说不敢。

这是一个值得深思的问题。作为父母，对子女什么话也愿意说，什么事也敢争辩。但是作为子女，对父母有的话愿意说，有的话却不愿意说，绝大多数孩子在与父母交流时不能说出自己的真实想法，唯父母的话是从，不敢争辩。父母与子女之间本来应该是无话不说，现在却是"一厢情愿"，这不是一个好现象。原因在哪里？在父母。

有的父母受传统观念的影响，居高临下，不允许孩子有自己的想法，时间长了孩子也就不愿意发表自己的意见；有的父母只相信自己，不相信孩子，完全按自己设计好的要求孩子，一旦有所违背，便火冒三丈，大加指责，时间长了，孩子也就不敢说不同的话了；有的父母在孩子说话时，爱搭不理，心不在焉，特别是听到不同的意见时，缺乏应有的热情，时间长了，孩子自然不愿意再说了；还有的父母不重视学习，自身素质跟不上时代的步伐，而孩子随着年龄的增长和知识的增多，觉得与父母交流缺乏共同语言，时间长了，便不愿意在父母面前多说什么了。

改变这种状况的最好办法是父母要善于倾听。

父母应该懂得，虽然父母与孩子之间是一种特殊的亲情关系，但是归根结底也是一种人际关系。人际关系中，相互交流与沟通是第一位的。只有交流，才能理解；只有理解，才能和谐。而和谐的人际关系，是社会发展的重要基石。家庭也一样，夫妻关系和谐，父母与子女关系和谐，家庭幸福才有基础。如果关系紧张，吵吵闹闹，你不理我，我不服你，谈何幸福？

所以，父母要善于倾听孩子的话，而且要热情、耐心地倾听，以表示对孩子的尊重。在与孩子交流时，要以平等的态度，不要轻易打断孩子的话，让孩子把话说完。在倾听的过程中分析、判断，正确的热情肯定，不当的予以纠正，有分歧可以讨论，经过讨论取得共识。

善于倾听既是一种观念，也是一种艺术。为了孩子，应从善于倾听做起。

给孩子留面子

如果你学会了尊重孩子，孩子会非常感谢你的。

最近读报，看到一篇《视而不见的关爱》的文章。大意是年轻、漂亮的女教师走在通往学校的路上，天下着小雨，下坡拐弯时，高跟鞋踩在路边的青苔上，摔倒了。一向乐于助人的教授面对此情此景，不但自己没有上前搀扶，而且还劝阻了同行的另一人。看到那人疑惑不解，教授解释说："谁摔了跤都不愿意让人看到。那位老师没有喊人帮助，说明她没有摔伤。我们不能轻易去扶摔跤者，有时，视而不见才是真正的关心。"

文章的作者精辟分析后写道：我们经常会在"摔倒"的时候遇到不少好心人来帮忙，可他们的好心却使我们失去了掩盖难堪的机会，只能被动接受关怀。其实，不论是在路上"摔跤"，还是在生活工作中"失败"，我们都不愿意把脆弱与沮丧"秀"在别人面前，让别人看到自己想留到无人处流淌的眼泪。

由此，我想到了父母要给孩子留面子。

小孩子是经常出错的：没有考好，实验失败，回答不出老师的提问，作业没有按时完成或出现错误，不慎损坏了物品，偶然违犯有关规定，等等。小孩子也经常"摔跤"：比赛失利，评选落榜，想做好某件事却没有做好，等等。

遇到这些情况，父母应该怎么办？

第一是理解。人由幼稚到成熟，由不适应工作到适应工作，是不断积累的结果。在所有的积累中，失败、挫折、摔跤、尴尬和难堪都是可贵的财富。没有这些财富，人不会走向成熟，工作不会取得成功。孩子正处在发育、成长阶段，"摔跤"是正常的，对他们也是有利的。只要没摔伤，父母就应该"视而不见"，给孩子留面子，让他们自己总结经验教训，才是真正的关爱。

第二是帮助孩子分析原因，给予孩子积极的鼓励。当孩子真的"摔伤"了，或者虽未"摔伤"，父母认为需要和孩子沟通时，要帮助孩子分析"摔跤"的原因，说明"摔跤"是正常的，谁都可能"摔跤"，以减轻孩子的心理压力。同时要鼓励孩子不怕"摔跤"，正像一首散文诗写的那样："成功了，收获是微笑。失败了，站起来，继续向前，照样是英雄。"

第三是加强自身修养，提高自身素质。父母与子女的关系，本质上是社会人际关系。人际关系的实质是人们之间素质的交流、碰撞与沟通、接纳。父母良好的素质会使孩子耳濡目染，潜移默化为个人品质；不良的表现会给孩子一种误导，觉得为人处世就应该像父母那样。理智是人的素质的核心。很多父母的失败就出在缺乏理智上。不要以为是自己的孩子就可以不讲究方式方法，不顾及场合，胡乱训斥一顿了事，那样做伤害的是孩子的自尊心。如果你学会了尊重孩子，孩子会非常感谢你的。

精心维护人生的发动机

人的自尊是非常重要的,伤害不得。它就像人生路上的一台发动机,不断推动着人们前进、攀登。在自尊的基础上萌发了自信,每个人都信心十足地设计人生,展示自我,回报社会。

在一次家庭教育咨询活动中,一对夫妇向我诉说了他们孩子的情况:孩子上小学时,有四年担任班干部,三年被评为"三好学生",各种单项奖有十多个,"我们班""我们老师"经常挂在嘴上,活泼好动,勤奋上进。升入初中后,好像换了个人似的,一年来很少说到他们的班级,也很少提到他们的老师,整天无精打采,提不起精神,活像缺水的小苗——蔫了。

从夫妇俩的脸上,我看出了他们的担心。

我分析,这是自尊心受到挫折的反映。这位同学在小学阶段非常活跃,在父母眼里是好孩子,在老师眼里是好学生。升入初中后,环境变了,没有过好适应环境这一关,很可能是一些具体事情伤害了孩子的自尊心。

所有的人都希望受到别人的尊重,这是人的本能。小孩子喜欢表扬，争强好胜，很少服输，这是自尊心的表现。但是，由于孩子们知识不足，生活阅历有限，他们的自尊心又显得很脆弱，一旦自尊心受到伤害，他们原本纯洁的心灵大门就会封闭起来，需要我们去打开。

我告诉家长，要辩证地认识孩子的变化：原来生动活泼，现在沉默寡言，说明他把自尊心藏得很深，是自尊的另一种表现形式。从这一点来说，孩子是很要强的，也是非常可爱的。但是，如果心灵的大门封得过紧，压抑的时间过长，对孩子的成长是不利的。打开孩子心灵之门的最好办法是尊重、呵护，尤其是信任、激励。父母要尊重孩子，当他们遇到挫折时，更需要尊重，他们会把这种尊重看作最真诚的关爱。信任是一种无形的力量，孩子会从父母的一句话、一个眼神、一个动作、一个表情中汲取信任的力量，从而焕发向上的活力。在这种情况下，语言的开导虽然是必要的，但尊重与信任的实际行动更为有效。

我们还一起讨论了自尊、自信、自强的关系。

人的自尊是非常重要的，伤害不得。它就像人生路上的一台发动机，不断推动着人们前进、攀登。在自尊的基础上萌发了自信，每个人都信心十足地设计人生，展示自我，回报社会。自强是自尊与自信的必然结果。一个人对生活、对学习、对工作、对他人做到了尽心尽力，就是他的人生价值，也是他的社会意义。

精心维护孩子的自尊心，这是对孩子的一生负责。

大人的矛盾不要表现在孩子面前

不要把大人的矛盾表现在孩子面前,这不是逃避矛盾。人活在矛盾之中,逃避是不可能的。关键是面对矛盾要冷静,有理智。

大人之间是经常出现矛盾的,比如单位的人与人、人与事的矛盾;家庭、亲朋、邻里之间人与人、人与事的矛盾;有时候,自己还和自己闹矛盾呢。

有矛盾是正常的,社会正是在不断出现矛盾而又不断解决矛盾的过程中向前发展的。

我主张大人之间的矛盾不要表现在孩子面前,尤其是夫妻、婆媳、兄弟姐妹、亲戚朋友之间的矛盾,更不应在孩子面前渲染。这是因为,第一没有必要,孩子是不关心这些矛盾的;第二矛盾是双方面的,单方面的宣泄难免片面、偏激,会给孩子一种误导;第三给孩子造成负面影响,他们会认为大人之间原来竟是矛盾不断、钩心斗角的。

在现实生活中,最经常也最难避免的是夫妻矛盾暴露在孩子面前。这不仅因为"同在一个屋檐下",更重要的是父母没有意识到吵闹不和是对孩子有极大伤害的。有的父母认为孩子是自己的，家也是自己的，说话做事无所顾忌；有的父母缺乏理智，轻则骂人，重则厮打；有的父母闹意见、冷战，互不说话；有的父母甚至向孩子灌输对对方的不满，把亲情关系搅得一塌糊涂。

父母不理智，受伤害的是孩子，在他们幼小的心里会留下一道道伤疤。如果长期生活在这样的家庭环境里，孩子的性格就可能出现扭曲，变得狭隘、孤僻、自卑、暴躁，这对孩子的一生都是有害的。

不要把大人的矛盾表现在孩子面前，这不是逃避矛盾。人活在矛盾之中，逃避是不可能的。关键是面对矛盾要冷静，有理智。特别是夫妻间出现矛盾时，更要有耐心、有修养，有话想着说，不要抢着说。如果理智成了主导，就可以相敬如宾，消除纷争。这样，家庭才可能幸福，孩子的心灵才可能充满阳光。

喊破嗓子不如做出样子

真诚希望孩子有所作为的父母请记住：从自己做起，为孩子树立一个做人的榜样。

钱钟书先生的女儿回忆说，她在上学时学习上遇到困难，父亲总是推给她十几部词典，让她自己查找，从来不轻易告诉她答案，实在查找不到，父亲才给予指导。独立、自学的良好习惯成就了她，即使在国外进修，这种"不教之教"培养起来的能力，终于使她广搜博览，攻克难关，取得了好成绩。

类似钱钟书先生这种"不教之教"的教育艺术还有很多，他们都取得了丰硕的成果。

所谓"不教之教"，就是父母要为孩子做出样子，树立榜样，要求孩子做到的自己首先做到，要求孩子不做的自己首先不做。

天底下的父母都希望自己的孩子成人成才，有所作为。现在的问题是，相当一部分家长把这一希望完全寄托于学校，虽然寄厚望于学校可以理解，但是没有父母的配合，没有良好的家庭教育，孩子的成长就会缺失重要的一个方面。其实，父母对子女影响最大的是"无言而教"，也就是"身教"。

一个考入著名大学的学生回忆他的成长过程时写道：自从失去父亲后，本来话语就不多的母亲说话更少了。母亲只有小学文化，学习上不能辅导我。但是，当我独自学习，母亲默默无声料理家务的时候；当我早上起床后看到已经做好的早饭的时候；当我看到母亲与左邻右舍相处得那么和谐的时候；当我看到母亲辛勤劳作换来粮食丰收的时候，母亲的身影就像一座丰碑，给我以力量，母亲的行为就像无声的命令，催我奋发向上。

这位母亲虽然只有小学文化，但是她用自己的"身教"，配合学校教育，使自己的孩子成了天之骄子。

"喊破嗓子不如做出样子"，这一观点同样适用于父母对子女的教育。如果父母命令孩子"好好学习"时自己却没完没了地"垒长城""摔扑克"，教育孩子要"团结同学"时自己却与别人斤斤计较，告诉孩子要"尊重长辈"时自己却不孝敬父母，批评孩子"浪费"时自己却大手大脚，就会使自己的教育苍白无力，毫无意义。

真诚希望孩子有所作为的父母请记住：从自己做起，为孩子树立一个做人的榜样。

善与人处

为了孩子，父母要善与人处，在人际关系上为孩子做出榜样。

一位同事告诉我，最近他悟出一个道理：人的苦恼不是来自工作压力，不是来自经济拮据，而是来自人际关系。

工作压力不会造成人的苦恼，反而会成为一种挑战，激励人们去克服困难，做好工作。经济拮据也不会形成人的苦恼，反而会使人更加清醒，远离物欲横流的诱惑。而人际关系出了问题，会影响到心理平衡，心理上的不平衡又会影响到工作。这种恶性循环的根源是不良的人际关系。所以，良好的人际关系是生活愉快、工作成功的基础。我同意他的说法。

这又使我想起了美国教育家卡耐基说过的一句话：一个人的成功，人际关系占85%，专业知识只占15%。它从一个侧面说明了人际关系的重要性。

父母的人际关系状况会影响到孩子。如果父母与同事、亲朋、邻里之间关系和谐，宽松融洽，就会给孩子一种安全、温馨的感觉，并能使孩子参照父母的方式去处理同学之间的关系。相反，如果父母关系冷漠，甚至剑拔弩张，就会给孩子一种紧张、不安的感觉，会在孩子纯洁的心里留下可怕的阴影。

孩子总是要融入社会的。进入社会后，人际关系就成了他们人生的一次重要考试。考试的结果如何，还要看他们在家庭、在学校人际关系的基础如何。所以，孩子的人际关系要从家庭抓起，父母应成为孩子人际关系的老师。

善与人处是良好人际关系的基础。所谓善与人处，按传统的说法叫"己所不欲，勿施于人"。按现代的说法是"相互信任，理解万岁"。自己不愿意的，别人自然也不愿意，不要强加于人，这就是理解。人与人之间能够相互理解，就能相互信任，良好的人际关系就有了基础。

有的父母生怕自己的孩子在与同学交往中吃了亏、受了罪，甚至唆使孩子斤斤计较、以牙还牙，那不是真正的爱，而是害，是在孩子幼小的心里种了一颗长刺的种子。

为了孩子，父母要善与人处，在人际关系上为孩子做出榜样。

学会适当放手

  让孩子在实践中磨炼，在挫折中成长，看似难为孩子，实际是为了孩子的成长考虑，因为只有这样，他们才能学会生存。

  一个小学二年级的学生，早晨起晚了来不及吃饭，母亲把两颗熟鸡蛋塞进书包里，中午回来后，两颗鸡蛋仍然完好无损，问及原因是因为"不会剥鸡蛋皮"。一个四年级的学生，上课时发现书包里没有三角板，放学回家后大发脾气，埋怨母亲整理书包时没有放进三角板。一个初中二年级的学生读不通自己的作文，原来这篇作文是父亲代写的。家务劳动，多数孩子不参加或很少参加。冬令营、夏令营活动，成了孩子们的"展示活动"，吃的、穿的、用的应有尽有，五花八门，不少家长还放心不下，亲自陪同，事事代劳，就连填写营员登记表也是父母代笔。

  上述现象表明，父母包办代替过多，走进了爱的误区，这种"爱"对孩子的成长是不利的。现代管理强调：各人的事各人做，谁做的事谁负责。在家庭教育上，我主张"孩子的事孩子做，孩子做的事孩子负责"。孩子遇到困难时，父母可以帮助、鼓励，但是绝不可以代替。

人类学会生存，进而发展到改造环境，更好地生存，是在实践中取得的，不是道听途说，也不是冷眼旁观，而是亲自参与的结果。母亲怕孩子摔跤而牢牢抱着，孩子可能永远学不会走路；大人怕孩子呛水而不让下水，孩子可能永远学不会游泳。所以，孩子的事一定要让孩子自己去做。不会做，可以帮助；做错了，没关系，重新再做。人正是由不成熟走向成熟，由失败走向成功的。

什么是溺爱？溺爱就是迁就、袒护、不分对错、百依百顺。一个临刑前的死囚曾经哀叹道：是母亲的溺爱助长了他的野性，最终铸成了不可饶恕的罪过。

孩子的事大致可以分为三类：第一类是学习方面的，父母的任务是激发学习兴趣，创造学习条件，培养学习习惯，其余都是孩子的事，应由孩子独立完成；第二类是生活方面的，孩子应该参与必要的家务劳动，决策家庭的重大开支，从小培养独立生活的能力；第三类是社会公益方面的，家长要热情支持孩子参与社会公益活动，在实践中增长知识，磨炼意志。担心孩子参与社会公益活动而影响了学习，害怕孩子参与社会公益活动而受了罪、吃了亏，都是毫无根据的。

"严是爱，松是害，不管不教要变坏"，这句流传久远的话充满了哲理。本应由孩子做的事父母做了，看似爱，实是害。有的孩子衣来伸手，饭来张口，不爱劳动，浪费惊人，就是父母溺爱结出的苦果。让孩子在实践中磨炼，在挫折中成长，看似难为孩子，实际是为了孩子的成长考虑，因为只有这样，他们才能学会生存。

待子如客

只有尊重孩子，才能换来孩子的尊重。一旦孩子发自内心地尊重父母了，这种尊重就会成为他人生路上巨大的精神动力。

在我参加的一次家庭教育研讨会上，一位与会者提出了"待子如客"的观点。这一观点的提出，为那次研讨会注入了不少活力，我在其中收获颇丰。

我同意"待子如客"的观点，并为此奔走呼吁。然而好多年过去了，"待子如客"似乎并不为大家所接受，所以我觉得需要再说一说。

长期以来，我们的父母与子女是一种不平等的关系。天、地、君、亲、师，双亲是神坛上的神，子女只能唯命是从，不能逾越半步。由于时代久远，也就麻木了，好像习惯了这种不平等的人际关系。

"待子如客"是一种观点。人是社会的主体，人际关系如何决定着社会的文明程度。虽然父母与子女是一种特殊的亲情关系，但是归根到底也是人际关系。是人际关系，就应该民主、平等。只有民主、平等，才能互相理解，互相尊重，共谋发展。假如人与人之间既无民主又不平等，就会矛盾重重，冲突不断，还讲什么稳定和发展？具体到一个家庭也是同样的道理，如果父母不能民主、平等地对待孩子，孩子只好敬而远之，或者惧而避之，应了"惹不起，躲得起"那句话，你有你的高压政策，他有他的应付对策，这对孩子的成长极其有害。

父母其实是为孩子服务的，尤其是中国的父母，从孩子出生一直到自己离去，哪时哪刻不为子女服务？服务了，有的孩子还有意见；操碎了心，孩子并没有按照自己设计的模式成长；寄托了极大希望，少数孩子甚至成了自己的冤家对头。原因在哪里？主要在缺乏民主、平等意识上。不讲民主，不讲平等，思想就无法沟通，方法就简单生硬，效果就无从谈起。

"待子如客"会不会降低父母的威信，反而管不了孩子？不会的。试想，你非常尊重客人，客人绝不会轻视你。同样，父母能民主、平等地对待孩子，充分尊重孩子的意见，孩子对父母不仅是感激的，而且是敬仰的，你说的话他愿意听，你做的事他愿意跟，这就是榜样的力量。

民主、平等是孩子的需要，也是教育的需要。只有尊重孩子，才能换来孩子的尊重。一旦孩子发自内心地尊重父母了，这种尊重就会成为他人生路上巨大的精神动力。

每一朵莲藕都有自己的花期

　　让孩子知道自己的优点，就是为自尊心的基础培土、浇水、施肥，使它更坚实、更牢固，从而萌发出更旺盛、更健康的自尊心，成为孩子不断向上的力量源泉。

稍一留心你就会发现，现在许多孩子不知道自己有什么优点，幼儿比小学生严重，小学生比中学生厉害。说到缺点，反而能列出一大堆，比如不守纪律，不动脑筋，不肯吃苦，不爱劳动，不讲卫生，不团结同学……这并不是件好事，应该引起广大家长的高度重视。

　　其实，每个孩子都有每个孩子的优点。那么，为什么孩子却不知道自己的优点？是因为批评过多。在学校，老师批评，这也不对，那也不好；在家里，父母批评，这也不对，那也不好。就这样，把孩子搅乱了，缺点记下一大堆，却忘了自己的优点。

　　让孩子知道自己的优点是非常重要的。人都有自尊心，这是一种本能的自我意识，它的表现不仅停留在自我尊重上，而且要求别人尊重其人格。自尊心是建立在对自己优点的肯定和发展前途憧憬的基础之上的，它是一种内在的动力，可以激励个人克服困难，积极进取。积极、健康的自尊心是一种优秀的心理品质，它不仅有益于个人的成长，也有利于社会的发展。让孩子知道自己的优点，就是为自尊心的基础培土、浇水、施肥，使它更坚实、更牢固，从而萌发出更旺盛、更健康的自尊心，成为孩子不断向上的力量源泉。

让孩子知道自己的优点，首先父母要善于发现和敢于肯定孩子的优点。处在中小学阶段的孩子，天真、单纯、争强好胜、富于幻想、敢于表现自己、容易做错事也勇于承认错误，这些都是孩子共有的优点。同时，每个孩子又有每个孩子特有的优点，诸如热情、耐心、细致、稳重、活泼、自觉、灵活以及爱好多样、兴趣广泛、善于交往、热爱集体……只要我们细心观察，孩子的优点总比缺点多。对此，父母都要及时捕捉、不断表扬，让优点的火苗越烧越旺。切不可看不到孩子的优点，甚至泼冷水，扑灭了刚刚燃烧起来的小火苗。

一位数学家回忆他的成长历程时说："上中学时，数学老师表扬我是'数学天才'，就这么一句话，成了我学习数学的动力，并使我走上了数学研究的道路。"家长们应该从这位数学家的话里受到启发。

争做孩子的"情绪缓冲垫"

"缓冲"是一种艺术,更是一种素养。

学会转移就是为了缓冲情绪。

孩子总有让父母生气的时候。有了气怎么办?有的父母不问情由,风风火火训斥甚至打骂孩子;有的父母先问情况,过一段时间再和孩子沟通。这"过一段时间"也许是几分钟,也许是一两个小时,也许是一两天,我把它叫作"情绪缓冲阶段"。

在这个阶段,孩子思想不那么紧张,他会反省自己为什么错了,错在哪里;父母情绪比较平静,也会思考如何帮助孩子效果会更好。有了这个缓冲,避免了过激言辞,给了孩子自我教育的机会,家庭教育往往会取得满意的效果。

"缓冲"是一种艺术,更是一种素养。"退一步海阔天空"中的"退一步"就是"缓冲"。由于退了一步,有了缓冲的余地,所以才海阔天空。

很多矛盾被激化,都是各执一词,互不相让,结果爆发了"战争"。既然是战争,就会有损失。孩子有了过失或做了错事,父母如果没有"缓冲"意识,不问青红皂白训斥打骂,犹如一场小小的"战争",虽然父母也受伤害,过后觉得后悔,但受伤害最大的还是孩子,是孩子幼小的心灵。

学会转移就是为了缓冲情绪。当你情绪激动时,不妨试试如下办法:一是离开现场,不要和孩子怒目而视,僵持不下,因为这样只会越僵气越大,越僵火越大,后果是可想而知的;二是默默提醒自己不要发火,尽可能镇定、冷静,父母双方如果同时在场,一方要暗示另一方努力克制、保持冷静,而不能火上浇油;三是分散注意力,想一些其他事情,让思维暂离"矛盾"。

学会转移和缓冲情绪绝不是回避矛盾,更不是袒护、溺爱,而是为了更好地解决矛盾,有效地教育孩子。一般来说,小孩子容易有过失、犯错误,但也容易承认错误、改正错误,因为他们幼稚、单纯,没有过多的压力和包袱,如果方法得当,他们会竹筒倒豆子——痛痛快快承认错误。但是如果方法不当,特别是当他们意识到有可能遭遇"皮肉之苦"时,就会产生抵触情绪,破罐子破摔,紧紧封住心灵的大门,再要打开它,需要做很多很多的工作。

孩子说谎，家长何为

教育孩子诚实守信，除了父母要做出榜样外，还必须和孩子建立民主、平等的关系。孩子觉得和父母的关系是民主、平等、和谐、宽松的，他自然会实话实说，用不着说假话。

一位父亲说，他儿子说谎已经成了"习惯"，为此父亲从不相信孩子的话。孩子呢？面对不信任自己的父亲，索性来个"全面封闭"。快两年了，父子俩虽然每天见面，但一直处在非常不愉快的"冷战状态"。

孩子说谎是父母经常遇到的问题，多数父母为此大伤脑筋。真心诚意地对待孩子，换来的却是说谎，这到底是为什么？问题出在哪里？

孩子说谎总是有原因的，综合起来分析，大致有以下三个方面：一是因惧怕而说谎。因为做错了事，唯恐受到打骂而用谎话欺瞒父母。二是因被逼而说谎。因为没有达到父母的要求，只得把没有做到的说成已经做到的，或者把失败说成成功，把错误说成正确，以求侥幸过关。三是为应付而说谎。因为父母说得过多,孩子产生了逆反情绪,所以常用谎话应付父母。

这样看来,说谎的原因并不出于孩子本身,而是出在父母身上,多数是因为惧怕而造成的。找到了说谎的原因,理智地、科学地对待孩子说谎就有了根据。

说谎有两种情况,一种是善意的,为了宽慰某个人,说了一些与实际不完全相符的话,但是它绝对没有伤害另外一些人。另一种是恶意的,为了达到个人目的,无中生有,捕风捉影,编造事实,既伤害了别人,又暴露了自己,损人不利己。小孩子说谎既无善意,也无恶意,完全是为了保护自己,保护自己免遭惩罚,特别是免受皮肉之苦。

所以,在对待孩子说谎的问题上,作为父母不要一味地责怪孩子,而要理智地审视一下自己:是否过于严厉?是否要求过高?是否有打骂和其他形式的惩罚现象?是否唠叨过多,使孩子产生了逆反心理?厘清了自己,找到了原因,改进了方法,孩子说谎的问题也就迎刃而解了。教育孩子诚实守信,除了父母要做出榜样外,还必须和孩子建立民主、平等的关系。孩子觉得和父母的关系是民主、平等、和谐、宽松的,他自然会实话实说,用不着说假话。

批评的艺术

热处理往往造成偏差,因此要冷处理,这是大量实践经验教训的科学结晶。这一科学结论同样适合于家庭教育,在对孩子进行教育时,还是隔日批评好。

孩子总是会犯错误的,这是任何人在成长过程中都无法逃避的规律。

孩子做了错事、犯了错误怎么办?有的父母不问青红皂白,风风火火训斥一顿完事;有的父母怒不可遏,试图用打骂或者罚站、罚跪等惩罚措施一次性教育孩子再也不犯错误;还有的父母对孩子的错误无原则袒护,把错误的原因和责任推给别人。无论是暴风骤雨的批评,还是姑息迁就的袒护,都达不到教育的目的,对孩子的成长都是不利的。

我建议采用隔日批评法。

所谓隔日批评法,就是在孩子做了错事、犯了错误时,不要急于批评,而是在了解情况的基础上,第二天找个适当的机会再与孩子进行沟通。这样做矛盾就有了缓冲的余地,父母可以冷静、理智地思考:孩子为什么会犯这样的错误?危害在哪里?如何教育才能达到好的效果？孩子在这一段缓冲时间里也在思考：为什么犯了这样的错误？如何才能不犯类似的错误？这种反省是一种最好的自我教育，有了这个基础，接受父母的批评就会成为一种自觉自愿的行为。

隔日批评的好处是：第一，避免了气头上的过激言辞和过火行为，为与孩子交流创造了一个和谐、宽松的环境。这是取得良好批评教育效果的决定性条件。第二，为孩子的自我教育提供了机会。自省是一种卓有成效的自我教育，它比其他教育方式更自觉、更深刻、更有效，让孩子养成自省的习惯，对孩子终身都是受用的。第三，父母思考孩子为什么犯错误和如何与孩子交流的过程，就是学习的过程。思考是一种重要的、富有成效的学习方式，它是对客观实际的认识、理解与升华。这种思考如果能够坚持下去，养成习惯，不仅对孩子有好处，而且能够明显提高自身素质。

热处理往往造成偏差，因此要冷处理，这是大量实践经验教训的科学结晶。这一科学结论同样适合于家庭教育，在对孩子进行教育时，还是隔日批评好。

你是"复读机"父母吗?

不要把孩子当作自己的个人财产,也不要把孩子看作可以不平等对待的对象,而要把孩子看作社会的人,他们也有人格尊严,渴望得到理解与尊重。

有人曾在中学生中做过这样的调查:你喜欢父母哪些品德?讨厌父母哪些做法?结果多数孩子喜欢父亲的刚毅、坦率、对工作的事业心,讨厌父亲的简单、粗暴;喜欢母亲的和蔼、亲切、对家庭的责任感,讨厌母亲的啰唆、唠叨。

这一真实的信息反馈,应该引起父母的高度重视,将孩子们喜欢的品德发扬光大,减少甚至根除孩子们讨厌的做法,这样才能取得好的家庭教育效果。

有人认为,经常提醒孩子是有好处的,结果同样一件事父亲说了母亲说,今天说了明天说,什么时候想起来什么时候说,反反复复、没完没了,它所带来的副作用是极其严重的。

如果说一次深刻的、说理式的教育效果是百分之百的话,那么一百次简单、粗暴的训斥和没完没了的唠叨效果同样是零,或者是负数。因为前者孩子乐意接受,它好比和风细雨,点点滴滴都可以进入孩子的心田。而后者就像暴风骤雨，由于过于剧烈、迅猛，孩子封闭的心灵是拒绝接受的。说得过多，孩子会出现抵触情绪，时间长了，就形成了逆反情绪。一旦形成了逆反情绪，孩子就会和父母软磨硬泡，甚至顶牛、对立。因此，当需要告诉孩子应该怎么做、不应该怎么做的时候，特别是需要批评教育的时候，还是只说一遍好。

只说一遍既是一种艺术，更是一种观念。说它是艺术，是说父母要讲究方法，营造气氛，区别场合，让孩子心服口服地接受批评教育；说它是观念，是说父母要确立正确的父子（女）、母子（女）观，不要把孩子当作自己的个人财产，也不要把孩子看作可以不平等对待的对象，而要把孩子看作社会的人，他们也有人格尊严，渴望得到理解与尊重。要充分认识到任何一个孩子都是希望得到赞扬而不愿意做错事、犯错误的。他们做错事、犯错误，绝大多数是无意识的，是成长过程中必须付出的"学费"。既然这样，父母在批评孩子的时候，一定要做到态度诚恳、方法灵活、内容具体、说理深刻，尤其要让孩子说话，在交流中理解，在交流中沟通，在交流中让孩子得到提高。

改一改简单生硬的训斥，少一点没完没了的重复，切记：只说一遍好。

用关心和尊重打开孩子封闭的心灵

克服急躁、粗暴、简单、生硬的毛病，尽可能亲切、和蔼地与孩子相处。

一位母亲说，她的孩子上小学时，总有说不完的话。班里发生了什么事，老师批评了哪个同学，今天上课谁又迟到了，哪位老师表扬了他，都要和她说一说。可是上了初中后，慢慢变得话少了，原先经常说的话题不说了，有时候问一问，他还显得很烦躁。回家后，除了吃饭、做作业、睡觉外，很少谈及他和学校的事。这位母亲很着急。如何打开孩子封闭的心？怎样才能让孩子拥有快乐的童年？

这个孩子说话少了，很可能是升入初中后，环境变了，与同学、与老师之间还处于相互了解与熟悉的阶段。人在一个新的环境下心理活动是复杂的，说话少是一种正常现象。作为父母，要特别予以关心，帮助孩子尽快适应环境，鼓励孩子大胆与同学、老师交往，经过一段时间的磨合，孩子是会重现天真、活泼的天性的。

虽然环境变化可能引起孩子心理的短时封闭，但它并非造成孩子封闭心理的主要原因。有时候，孩子不愿意向父母敞开心扉、尽情倾诉是因害怕而封闭。害怕说了自己的真实想法或行为而遭到训斥、打骂或其他形式的惩罚，因而不愿与父母交流。因受了伤害而封闭。孩子可能有了困难，受到挫折的打击，或者受到老师的批评与同学的讽刺，自尊心受到伤害，为了维护自尊心，因而不愿意与父母交流。因觉得说了也无用而封闭。随着孩子年龄的增长，进入中学阶段后他们有了独立意识，喜欢独立思考、独立判断和独立做事。如果父母的想法和他们的认识存在距离，又不被他们心悦诚服地接受，他们就会觉得从父母那里受不到启发，得不到帮助，时间长了，就会少了与父母交流的热情。因确实是隐私而封闭。不要认为孩子没有隐私，也不要认为孩子在父母面前不应有隐私。凡是人都有隐私，孩子也有自己的隐私，他们像成年人一样，不愿意向别人（包括自己的父母）表露自己的隐私，因而不愿与父母在涉及隐私时进行交流。

　　找到了原因，如何打开孩子封闭的心就有了办法。一是克服急躁、粗暴、简单、生硬的毛病，尽可能亲切、和蔼地与孩子相处，有了宽松、和谐的气氛，少了惧怕的心理，孩子自然愿意与父母交流。二是既要让孩子经受挫折，又要在孩子经受挫折后给予关心，鼓励孩子战胜困难、不怕挫折，在磨难中锻炼成钢。亲情的力量是巨大的，它既可以安慰孩子受伤的心，又可以给孩子以勇气与力量，还可以进一步拉近与孩子在感情上的距离。三是加强学习，提高自身素质，让孩子觉得父母在思想、品行、知识、能力上是自己的榜样。一旦成了"偶像"，孩子就会向父母倾吐自己的一切。四是尊重孩子的隐私，只要不涉及道德品质，不影响正常的学习与生活，父母就不要过多干涉、无端指责。

为孩子树立人格榜样

父母为孩子做出人格的榜样,首先要告诉孩子如何做人才是真正的爱。

所有父母都爱自己的孩子,这种爱随着时间的推移,又转换成一种期望,期望孩子成人成才,有所作为,并且情愿为此竭尽自己的全部力量。这种心理既是一种本能,也是一种责任,更是一种文明,它是推动人类社会发展与进步的最原始、最基本的动力。

我这里要说的是,父母为孩子做出人格的榜样,首先要告诉孩子如何做人才是真正的爱。随着年龄的增长,孩子的独立意识也越来越明显,他们要独立思考,独立判断,从而做出赞成或者反对的选择。

在与老师、父母的交往中,他们可以容忍老师在知识上有缺陷,因为各种各样的文化科学知识浩如烟海,谁也不可能全部掌握;他们可以原谅老师在方法上有所不妥,因为他们懂得老师是出于善意的。但是,他们不会容忍老师在人格上有瑕疵,因为在他们眼里,老师是崇高、纯洁的化身。

同样，孩子可以容忍父母在知识上有缺陷，在方法上有不妥，但是不能原谅父母在人格上有瑕疵。在孩子眼里，父母与老师是一样的，神圣、高大，是自己如何做人的镜子。

为孩子树立人格榜样，最要紧的是表里如一，言行一致。一般来说，对于如何做人，做什么样的人，绝大多数父母在道理上都是明确的，也是会讲的。那么，关键就在于想的和说的一样，说的和做的一样，这才是真正的榜样。

比如，教育孩子不要骂人，自己首先要做到语言文明；教育孩子尊敬长者，自己首先要尊敬父母；教育孩子要团结同学，自己首先要与同事、邻里和谐相处；教育孩子要刻苦学习，自己首先要做好本职工作；教育孩子要热爱劳动，自己首先要勤奋吃苦；教育孩子要有社会公德，自己首先要遵守社会公德……

如果家长说的和做的不一样，语言粗鲁，不孝敬父母，与同事、邻里矛盾不断，对工作马虎应付，那么，当孩子做出违背社会公德的事时，即使你说得再多再好，也显得苍白无力，没有任何教育效果。

批评孩子有技巧

所有的人都有自尊心，都希望受到别人的尊重，这是人类不可或缺的精神需要。孩子也是这样，他们不仅希望受到别人的尊重，也渴望得到父母的尊重，并把父母的尊重看作一种真诚的关爱。所以，批评孩子时切记做到"一对一"。

我在一所学校碰到了如下情景：放学了，孩子们踏着整齐的步伐，念着"锄禾日当午"的古诗，行进着就要离开学校。突然，班主任老师喊了"立定"，把一个同学叫出来，当着全班同学的面开始了批评："同学们表现都很好，就你吊儿郎当，满不在乎，一年级学生就这样自由散漫，这还了得……"被批评的学生低着头，搓着手，不敢正眼看人。他的同学们也都规规矩矩地站在那里，脸上顿时失去了快乐的童真。

孩子有了过失，犯了错误，绝大多数是无意识的。有的是出于好奇，别的孩子怎么做他也怎么做，结果错了；有的是自控能力差，本应控制住的没有控制好，结果错了；有的是争强好胜，为了表现自己，结果错了；有的是迫于压力，为了保护自己，隐瞒了事情真相，结果错了……这些都是孩子的天性，是任何人在成长过程中都不可能逾越的规律。因此，不仅老师要理解学生为什么会做错事、犯错误，而且父母也要知道孩子有时做错事、犯错误的原因到底在哪里。只有理解，才能抱着一颗同情的心，采用孩子乐意接受的方式方法加以教育和纠正。

在需要批评孩子时，一对一的教育是一种行之有效的、为所有孩子所乐意接受的方法。所谓"一对一"，就是批评孩子时，只有父亲或母亲一个人对孩子一个人，没有第三人参加。在这种环境和气氛下，因为没有伤害孩子的自尊心，他是会非常感激父母的，会深切地感受到父母的良苦用心。有了这样一个思想基础，孩子就不会产生逆反、顶牛心理，从而能够心平气和地接受父亲或母亲的批评教育。父母呢？面对温顺的孩子，也就没有了简单粗暴的理由，从而会耐心地进行说理式的批评教育。这种良性影响，会使父母的话像细雨一样，点点滴滴滋润在孩子的心田里。这就是一对一的艺术。

所有的人都有自尊心，都希望受到别人的尊重，这是人类不可或缺的精神需要。孩子也是这样，他们不仅希望受到别人的尊重，也渴望得到父母的尊重，并把父母的尊重看作一种真诚的关爱。所以，批评孩子时切记做到"一对一"。

莫把饭桌当第二课堂

　　吃饭就是吃饭,要集中精力、聚精会神地吃,在轻松愉快、和谐宽松的气氛中吃。

　　饭桌上批评教育孩子之所以成效不大,原因在于没有把握好火候。

吃饭就是吃饭,要集中精力、聚精会神地吃,在轻松愉快、和谐宽松的气氛中吃。据说,这样吃饭既能提高食欲,又有益于健康。

　　可是,有的家长却把饭桌变成了第二课堂,常常在吃饭时提出各种各样的问题:"今天上的什么课?听懂了没有?""今天考试了没有?有没有不会的?""作业完成了没有?有没有不会的?"除了这些"关心"的提问外,还有不少家长充分利用吃饭的时间,展开了你来我往的"训导":"不好好念书,将来是要吃亏的。""要抓紧时间,要不怕吃苦。""不懂的要赶快问老师,千万不要自己骗自己。""一次考试好不算好,每次考试好才算好,千万不可骄傲。"……

　　如果说以上这些"关心""训导"可以理解,孩子还可以承受的话，那么，有些家长专门在吃饭时的批评、训斥就很没有道理。比如，"你为什么总是及格万岁？什么时候才能考个 100 分？""你怎么老是长不大？总让大人为你操心？""你什么时候才能改了懒惰的毛病？""你天生不是念书的料！"……

大人越说火越大，孩子越听越生气，不仅没有起到教育作用，反而造成了孩子的逆反心理，这样做的结果，往往是不欢而散。

做饭炒菜要看"火候"，火力太大或太小，时间太长或太短，都做不出可口的饭菜。烧窑炼铁要看"火候"，火力不足或过旺，时间不到或超时，都达不到预想的效果。教育孩子也要把握"火候"，不分时间、场合，不讲究方式、方法，同样起不到教育的作用。

什么是"火候"？火候就是时机。抓不住时机，早了或迟了不行，长了或短了也不行。火候就是方法，用力过大或过小不行，内容过深或过浅也不行。饭桌上批评教育孩子之所以成效不大，原因在于没有把握好火候。

不要把饭桌变成第二课堂，并不是说不要批评教育，而是说饭桌上的批评教育大都效果不佳。既然这样，父母就应该把握"火候"，找准时机，这样的批评教育、关心提醒才会卓有成效。

与孩子多些交流，少些责备

（一）

在家里营造民主、平等的气氛，让孩子和你说真话、说实话。只有这样，与孩子的交流才可能有一个宽松、和谐的基础。

请记住：父母与孩子应该成为朋友！

在一项"中学生最欢迎的老师"调查中，同学们有各种各样的答案。把不同的去掉，把相同或相近的汇总起来，受中学生欢迎的老师不是"专制"型的，独断专行，一人说了算，不许学生争辩；不是"放任"型的，什么也不问，什么也不管，除了讲课不与学生交往；甚至不是"专家"型的，在教学业务上出类拔萃，但是在与学生的关系上却平平淡淡。中学生欢迎什么样的老师呢？欢迎"交流"型的老师。什么是"交流"型的老师？把同学们的希望归纳起来有四条：一是理解学生；二是待人公平；三是乐于交流；四是幽默慈祥。

由此，我推断孩子同样喜欢"交流"型的家长。因为在孩子的心目中，父母和老师一样，不仅是神圣、高大的，而且是能够给他们智慧、力量和安全的依托。

如何才能成为一个"交流"型的家长？下面这个小学的做法可供大家参考。

此小学进行了"对话教学"的实践，改变过去教师"满堂灌""注入式""一言堂"的做法，师生进行合作、交流、研究式的"对话教学"。对话就是交流。能不能交流起来，关键在教师引导，主体是学生参与。他们的经验集中起来就是要让学生有话敢说，有话可说，有话能说，有话会说。

有话敢说是交流的决定性因素，它要解决的是观念更新问题。同学和同学之间是有话敢说的，无论是对还是错，怎么想就怎么说，各执一词，互不相让，有时候甚至争论得面红耳赤。同学之间为什么能做到有话敢说？因为同学之间是平等的。平等了，就无所顾忌，就敢于畅所欲言。所以，在课堂教学以及课外的一切师生交往中，要让学生有话敢说，真正达到情感与情感的交流，心灵与心灵的相通，老师首先要更新观念，变不平等的师生关系为平等的师生关系，有了平等的观念、民主的作风，学生自然就有话敢说。

家长应从他们的做法中受到启发，在家里营造民主、平等的气氛，让孩子和你说真话、说实话。只有这样，与孩子的交流才可能有一个宽松、和谐的基础。

请记住：父母与孩子应该成为朋友！

（二）

赞许的语言表示肯定，可以鼓励孩子更大胆、更深入地交流。协商的语言表示探讨，可以解除孩子的思想顾虑，在一个宽松的气氛下进行交流。

有话可说是指对话的内容，这是对话教学的核心。老师在教学活动中，能把教学内容生活化、人本化，启发与引导学生用自己理解了的语言开展交流，而不是生搬硬套，照本宣科，脱离生活实际和学生的认识能力。为了能够交流起来，让孩子有话可说，应不说空话、大话，避免成人化和概念化，多交流孩子已经体验过的或可以理解的话题。有的父母向孩子讲述自己上学时的故事；有的父母和孩子一起讨论看过的电视、电影或戏剧；有的父母与孩子约定同看一本书或一篇文章，之后各自发表看法；有的父母在做出重大的家庭决策前，真诚地征求孩子的意见；有的父母与孩子一起讨论语文、数学、外语的学习方法；有的父母和孩子一起参观、旅游，并且谈感受，说想法；有的父母结合自己的经历和孩子谈人生，说理想……这些"零距离"的话题，孩子不仅熟悉、亲切，而且有感受、有体会，交流起来就有话可说。

有话能说对老师来说是需要教育教学艺术的，一个班几十个学生，谁都想说。如何考虑到方方面面，照顾到每个学生？这就需要艺术。家长在与孩子交流时，也需要技巧，让孩子有话能说。比如，赞许的语言表示肯定，可以鼓励孩子更大胆、更深入地交流。协商的语言表示探讨，可以解除孩子的思想顾虑，在一个宽松的气氛下进行交流。甚至一个眼神、一个表情、一个动作，都传递着肯定、否定、探讨、激励的信息，让孩子通过这些信息去思考，以便进行更深入、更广泛的交流。

　　有话会说是学校的教学活动最终要达到的目标。它的标准是学生不仅理解了所学知识，而且能用自己的话做出准确的表达，绝不是囫囵吞枣，死记硬背。家长与孩子交流的目的，是让孩子通过交流思考一些问题，理解一些道理，增长一些知识，这与学校的教学活动目的是完全一致的。要让孩子有话会说，关键是家长有话会说。如果家长能用通俗易懂的话说明一个深刻的道理，用简明扼要的话揭示一个复杂的现象，用热情洋溢的话激发一种向上的精神，孩子自然会潜移默化，受到感染，通过家庭熏陶，变得有话会说。所以，家长要坚持学习，不断充电，提高自身素质，这是自己的需要，也是孩子的需要。

赞美使孩子更好地前进

训斥、打骂、放弃等"恨铁不成钢"式的爱不是真爱；袒护、迁就、姑息等"溺爱"式的爱也不是真爱。真正的爱是善于激励，是让孩子从父母的语言、表情、动作、声音、眼神里看到信任，得到力量，感受到"我能行"，从而使孩子充满自信。

相传，在古代的塞浦路斯岛有一位年轻俊美的国王叫皮格马利翁，他精心雕刻了一具象牙少女像，每天含情脉脉，相对而视。"精诚所至，金石为开"，终于有一天，少女真的活了。这当然是一个美丽的神话故事，寓意是指真心关爱和热切期望，必然会产生良好的作用。这就是"皮格马利翁效应"，也有人意译为"西施效应"。

"皮格马利翁效应"又称"罗森塔尔效应"。起因是这样的：1968年，心理学家罗森塔尔和雅可卜生来到一所美国小学，从1~6年级里各选了三个班，对18个班的学生做了发展预测，对一部分"有优异发展可能"的学生表示了真诚的赞赏，并把这部分学生的名单给了有关老师。其实，被赞赏的学生完全是随机抽取的，有的在老师的意料之中，有的却不然。八个月后，他们俩又对这18个班进行了复试，结果，在名单里的学生，各方面的提高都比其他同学快，并且活泼、开朗，求知欲旺盛，与老师的感情比较深厚。原来，这是一项心理学实验，是他俩通过自己"权威性的谎言"，坚定了教师对名单上学生的信心，调动了教师的激情，教师扮演了皮格马利翁的角色。而名单上的学生，则成了活起来的"雕像"。这项实验之所以能取得这样的效果，一方面是被赞赏的学生有了积极性和自信心；另一方面是老师对这些学生真实的情感，通过语言、表情、动作、眼神、声调等，激发了学生的幸福感和上进心，从而进一步增强了他们的自尊、自信和自强。

在学校教育中，教师的作用是重要的。真诚的关爱和科学的激励，有利于学生在知识、能力、情感、个性等方面的顺利成长，这叫作"罗森塔尔正效应"；相反，教师的歧视、冷漠、嫌弃、体罚，又会导致学生丧失自信，给学生造成精神痛苦，严重的可能出现个性畸变，这叫作"罗森塔尔负效应"。

家长应从"皮格马利翁效应"中受到启示，它告诉我们，爱是有艺术的。训斥、打骂、放弃等"恨铁不成钢"式的爱不是真爱；袒护、迁就、姑息等"溺爱"式的爱也不是真爱。真正的爱是善于激励，是让孩子从父母的语言、表情、动作、声音、眼神里看到信任，得到力量，感受到"我能行"，从而使孩子充满自信。自信是非常重要的。大人的成功靠自信，孩子的成长也要靠自信。"皮格马利翁效应"的核心是保护孩子的自信，激发孩子的自信。

父母不该说的话

　　和孩子说话时不仅老师有"忌语",父母也有"忌语"。

　　为了孩子,根除"忌语"。

"忌语"就是忌讳的话,是可能引起不良后果的语言。

由于家长与子女是一种特殊的亲情关系,加之传统观念的影响,相当一部分家长在与孩子说话时是很少思考、无所顾忌的,想说什么就说什么,想怎么说就怎么说,结果,伤害了孩子。所以,家长应该知道,和孩子说话时不仅老师有"忌语",父母也有"忌语"。

家长"忌语"通常是在以下一些情况下出现的:

当孩子没有考好,或者经过辅导仍对某个问题不理解时,有的父母很不冷静,常常说"笨蛋""猪脑袋""比猪还笨"等。

当孩子不愿意去做某件事,或者虽然做了但没有达到父母的希望时,有的家长不分情由,常常说"懒惰""懒汉""没出息""成不了气候"等。

当孩子不愿意诉说自己的想法,或者因为害怕打骂,为了保护自己而说了与事实不符的话时，有的家长会大动肝火，常常说"撒谎""胡说""狗嘴里吐不出象牙""你什么时候才能不说谎话"等。

当孩子因为学习成绩不好受到批评，或者因贪玩没有按时完成作业，或者因违反纪律受到批评、处分时，有的家长会失去理智，常常说"你就不是念书的材料""你还有什么脸面活着""迟早你会蹲监狱"等。

家长在火头上所说的"忌语"都是无意识的，是"恨铁不成钢"式的关爱。其实，所有的家长都不愿意自己的孩子是"忌语"里所说的孩子。但是，正是这种无意识，把真挚、纯洁的爱引向了误区。既然进了误区，就会产生副作用。第一，孩子可能认为自己真的愚蠢，真的"不是念书的材料"。要不然，为什么自己的父母会经常这样说呢？第二，伤害了孩子的自尊心和自信心。不仅不敢在父母面前理直气壮地争辩，就是在老师、同学面前也不敢大声说话。如果不清楚"忌语"的危害性，继续发展下去将会影响孩子的一生。第三，随着孩子年龄的增长，独立能力也在增强。如果父母还是我行我素，继续说那些伤害孩子的话，那孩子只有以抵制、顶撞加以反驳，或者产生严重的逆反心理，把心灵封闭起来，永远不向父母开放。

请家长记住：为了孩子，根除"忌语"。

合作，让孩子一生受用的本领

合作意识与合作能力是孩子步入社会必须具有的素质，万万不可忽视。

现代社会是一个竞争的社会。虽然知识、技能是参与竞争的必备条件，但是，与人为善的品质，与人合作的能力，却是参与竞争的基础。如果一个人不善与人合作，或者目中无人、孤芳自赏，或者自卑、孤僻、冷漠和多疑，游离于人群之外，即使知识再渊博，技能再高超，也不会取得任何成就，必然被社会发展的大潮甩在一边。所以，为了适应社会发展的需要，家长必须重视培养孩子的合作意识和合作能力。

讲清道理，让孩子明白与人合作的必要性，树立合作的意识，是十分必要的。但是，更重要的是引导孩子在实践中认识合作的重要性，提高与人合作的能力。

在家里，父母要有意识、有目的地给孩子分配一些力所能及的家务。比如简单的采购，餐具的清洗，与邻里的交往，对客人的迎来送往，房间的陈设布置，书籍、文具的整理，作息时间的安排，等等。家里比较重要的决定与活动，父母要与孩子一起商量，使他们感受到自己是家庭的一员，增强参与意识，为他们在学校以至进入社会奠定基础。父母的外出交往、旅游参观，允许的条件下要带孩子参加，让他们在交往中学会合作。

在学校，家长要支持孩子担任学生干部，鼓励孩子参与各种活动，在可能的情况下，还要热情地为孩子出主意、想办法，使他们从父母那里不仅学到合作，而且得到力量。对于孩子的老师和小伙伴，父母要热情接待，充分尊重，使他们从父母那里学会如何为人处世。

人常说："老师是学生的镜子，学生是老师的影子。"意思是说老师如果能在各方面为学生做出榜样，那么学生就会在老师的影响下变得和老师一样高尚。这句话同样适合于家庭教育，父母是孩子的镜子，孩子是父母的影子。为了从小培养孩子的合作意识与能力，父母要为孩子树立良好的榜样。比如，父母之间的合作、父母与同事之间的合作和父母与邻里之间的合作……要记住，孩子是天真单纯的，模仿性很强，他们会依照父母的做法去和同学交往、合作。

合作意识与合作能力是孩子步入社会必须具有的素质，万万不可忽视。

教会孩子花钱,是父母重要的必修课

要让孩子知道钱是通过劳动得到的,来之不易,应该珍惜。

要让孩子知道,该花的钱一定要花,不该花的钱绝不去花,这不是"小气",而是一种优良品质。

一位老人向我讲述了他上小学的孙子花钱的故事:星期天,他常领孙子到商场转转、看看。尤其是到了超市,孙子喜欢什么就拿什么,最后由爷爷结账付钱,有时十几元,有时甚至几十元。有一次,老人给了孙子十元钱,并告诉孙子:这十元钱是你的,买什么,由你根据钱数决定。用不完,归自己,可以存起来。结果,孙子只花了七元钱,还节余了三元。

由此,我想到了如何教孩子花钱。

随着生活水平的提高,特别是教育投资意识的增强,家长们用于孩子在生活和学习上的支出占有很大的比例,一般来说,凡是孩子提出的要求父母总是想方设法给予满足。除了父母的直接开支外,不少孩子还通过长辈、亲朋等渠道,逢年过节时有了自己的"收入",或多或少地有了属于自己的钱。

怎样教孩子花钱？这确实是个问题。不花不行，乱花也不行。我和几位家长讨论过这个问题，大家的意见是：

第一，要告诉孩子钱是通过劳动、付出得来的，就像农民伯伯通过劳动获得了粮食丰收，工人叔叔通过劳动生产出各种产品，老师通过劳动培养出优秀学生，自己通过劳动取得了优秀的学习成绩。凡是通过劳动得到的，就属于劳动成果，应该珍惜。要让孩子知道钱是通过劳动得到的，来之不易，应该珍惜。

第二，勤俭节约、艰苦奋斗是我们的优良传统。现在生活水平提高了，照样应该坚持这种传统。即使再过十几年、几十年，生活水平有了进一步提高，这种优良传统仍然应该坚持下去，发扬光大。要告诉孩子，凡是对人类有贡献的政治家、科学家、文学家、企业家等，都是勤俭节约、艰苦奋斗的楷模，如果他们贪图享受、不求上进、铺张浪费、挥金如土，是不可能有所作为的。同学之间要比品德、比学习、比进步、比文明，而不是比吃喝、比穿衣、比花钱、比阔气。要让孩子知道，该花的钱一定要花，不该花的钱绝不去花，这不是"小气"，而是一种优良品质。

第三，家庭财务公开，特别是用到孩子接受教育上的钱要让他们知道。家庭的重大开支，要请孩子参与讨论，增强他们的关心、合作意识，尊重他们的意见，使他们懂得花钱是一件很慎重的事，不能随随便便。同时，要启发、提倡孩子逢年过节时用"自己的钱"给长辈买点纪念品、小礼品，让他们通过这些小活动懂得回报，学会回报。

别触碰孩子的底线

孩子也有隐私，要尊重孩子的隐私。

要建立民主、平等的父（母）子（女）关系，让孩子觉得父母既是长辈，又是朋友；既有尊严，又可以交流。

邻居的小孩上小学四年级，过去见了我总是说说笑笑，蹦蹦跳跳，可是今天我发现他"蔫儿"了。一问，才知道是对妈妈有意见，母子俩正处在"冷战"状态。

原来，数学老师搞了一次小考试，想摸摸底，为期末考试做些针对性的准备。这个孩子的数学成绩一向很好，还经常帮助别的小朋友，不料，这次摸底考试竟考了 68 分。孩子当然不高兴，把不理想的试卷压在书包里，不想让父母知道。一天夜里，母亲查看孩子的书包，发现了问题。第二天一早，就批评个不停，并命令双休日不准出门，一定要把数学补上来。

母亲的心情可以理解，做法另作讨论。不过由此我想到了另一个话题：孩子也有隐私。

人都有隐私，大人有大人的隐私，小孩有小孩的隐私。有的隐私暂时不愿让人知道，有的隐私一辈子也不愿让人知道。人有隐私是一种自然本能，除少数外，多数是自尊、自重、自爱、自强的反映。

小学生的隐私比较单纯，绝大多数和他们的学习、生活以及同学关系有关。初中学生的隐私比起小学生有了发展，比如有了朦胧的青春意识，有了若隐若现的追求，有了莫名其妙的烦恼，等等。高中学生比起初中学生又有了发展，比如有了对人和事的看法，有了比较明确的追求，有了对异性的好感和评价，有了比小学生和初中生更多的负担和压力，等等。尽管这些隐私对大人来说是无所谓的，但对孩子来说却是神秘的，是不可以让人知道的。所以，他们常常把这些隐私埋得很深，一旦被人发现，有的表现为尴尬，有的表现为不安，有的表现为不满。

因此，父母要知道，孩子也有隐私，要尊重孩子的隐私。对于孩子的日记、周记、信件、信箱和书包等，他们不同意时，一定不要强制或偷偷地去翻看。有的孩子与家长产生隔阂，一个重要原因就是家长不尊重孩子的隐私。同时，要建立民主、平等的父（母）子（女）关系，让孩子觉得父母既是长辈，又是朋友；既有尊严，又可以交流。这样，孩子就会减少心理压力，在没有顾虑的心态下与父母交流，这对孩子的成长是大有好处的。

信守诺言，但不要轻易许诺

家长一定要说话算话，为孩子树一个好榜样。
不要轻易许诺，一旦许了诺，就一定要兑现。

父母向孩子许诺是十分普遍和正常的。但是，为什么许诺，许什么样的诺，许诺以后怎么办，却是大有讲究的。

有关调查显示，不少父母把关注的重点放在孩子的学习上，判断的标准是孩子的考试分数，许诺的目的是激励孩子去追求100分。许诺的重点多数放在物质上，比如奖励多少钱，买什么名牌鞋、名牌自行车，等等。这种做法虽无大错，但是不全面，时间长了往往会误导孩子，使他们误认为考试分数高就是好孩子、好学生，无意识地使孩子成了考试的机器、分数的奴隶，而忽略了其他方面的发展。

考试分数高是不是好事？当然是好事。但是，仅仅关注孩子的分数是不够的，对孩子的思想品德、身体健康、生活能力以及动手能力等也应予以关注。而后者恰恰是做人的基础，这些基础打不好，带给孩子的将是痛苦，甚至是灾难。所以，真爱是一种理智，能激励孩子全面发展，使孩子的整体素质都得到提高。一位家长说:"知识不全可以补,但品德不好补起来是很难的。"这位家长做了理性的思考,他的话是颇有道理的。

许什么样的诺是多数家长很少考虑到的,总认为反正是自己的孩子,无所谓,想说什么就说什么。这是一种轻率的表现,后果自然不好。深思熟虑的许诺除了物质方面以外,主要应该是有益于孩子全面发展、健康成长方面的,比如图书、学习用品以及开阔视野的参观、旅游等。这些许诺是高品位的,也是一种导向,它可以让孩子理解家长的用心,在潜移默化中按家长的愿望、社会的需要,去设计自己的人生。

许诺以后怎么办?坚决兑现诺言,这是诚实守信的表现。如果认为孩子是自己的,就可以随随便便,说了也不努力做到,一方面会损伤家长的威信,另一方面对孩子也会造成一种不良影响。俗话说的"有其父(母)必有其子(女)",虽然是绝对的、片面的,但它从另一个侧面告诉我们:家长一定要说话算话,为孩子树一个好榜样。

总之,不要轻易许诺,一旦许了诺,就一定要兑现。

正确看待考试分数

> 既要关心孩子的考试分数,又不要把它看得过重,更不要唯"佳分数"论,误认为分数高就是学习好,学习好就会有出息。

几乎所有的家长都十分关心孩子的考试分数,这是正常的,因为它从一个侧面反映了孩子的学习情况。

不过,我想告诉家长们,既要关心孩子的考试分数,又不要把它看得过重,更不要唯"佳分数"论,误认为分数高就是学习好,学习好就会有出息。一项调查表明,现代人才有128项指标,而卷面考试只能考出47项,很多重要指标如意志、毅力、反应、合作、创造、口才和管理等能力是考不出来的。中小学生处于成长发育阶段,既有很大的可塑性,又有很大的波动性,一段时间的表现让家长兴高采烈,另一段时间的表现又让家长提心吊胆。至于考试,所有孩子都是愿意得到高分数的,就像体育比赛,谁也愿意拿到冠军,但冠军毕竟有限。所以,对于孩子有时候没有考好,分数不高,不要埋怨,更不要训斥,而应理解孩子的心,鼓励他"下次再来"。即使对于考试分数经常处于中游甚至下游水平的孩子，父母也不要失去信心，还是李白说得好"天生我材必有用"，孩子的潜能终归会迸发出灿烂的火花。爱迪生上小学时，说不清话，说不准数，被认为"太笨"，不是念书的材料，让母亲领了回去。母爱给了爱迪生勇气和力量，开启了他智慧的大门，不仅复学后成绩很好，而且成了伟大的科学家。童话大王郑渊洁小时候学习很差，被断定是"最没有出息的人"，后来写出500多万字的童话作品，深受孩子们欢迎。

　　学习是一种综合性的劳动，涉及方方面面，考试分数只是从一个侧面反映了孩子的学习情况，其他如分析与解决问题的能力和动手实践的能力、理解与运用知识的能力、与人合作的能力等等，从某种意义上说这些比分数更重要，它会关系到一个人的成长。家长们要知道，过去我们关注的是孩子"学会"了，现在要更新观念，变为孩子"会学"了。两个字一颠倒，意思大不一样：前者是被动的，老师讲的自己懂了；后者是主动的，能和老师、同学一起学习了。"学会"总不如"会学"，"会学"才是使孩子终身受益的。

没有兴趣的特长不能长久

人应该有特长，实际上每个人都有自己的特长，只不过表现内容、形式以及作用不同而已。

特长不能强求。特长是由兴趣、爱好产生的。

时下，各种特长班名目繁多，音乐、舞蹈、美术、体育、外语、书法和武术等，除了针对中小学生外，还下延到了幼儿。这些特长班除少数利用晚上的时间外，多数利用的是双休日，搞得孩子们心理紧张，疲于奔命。家长们爱子心切，总想让孩子有点特长，以期对将来走向社会有所帮助，所以，不管孩子是否愿意、有无兴趣，便自作主张地报这报那。在特长班风行的日子里，已经参加了特长班学习的学生的家长在疑惑：这样做对孩子有好处吗？没有参加特长班学习的学生的家长也在疑惑：不参加会不会对孩子有损失？

人应该有特长，实际上每个人都有自己的特长，只不过表现内容、形式以及作用不同而已。特长班应该有，但如何办出特色，如何培养孩子们的特长，这是需要不断实践与总结的。我这里主要说的是特长不能强求。

特长是由兴趣、爱好产生的。一个人对某个方面很喜欢、感兴趣，经常思考，不断摸索，时间长了，在某个方面优于别人，这便是特长。反过来，如果对某一方面毫无兴趣，而又要强制他去喜欢，去思考，去摸索，这能做到吗？显然是不可能的。曾经有一篇文章说，一位母亲想让小学三年级的女儿在音乐方面有所发展，节衣缩食积蓄了七千元，买了一架钢琴，每个月往返三百多千米到辅导老师那里接受一次指导，每天做完作业后，再练琴一个小时。半年后，她发现女儿瘦了，整天无精打采。一天夜里，女儿练着琴，她先睡了。快十二点时，她醒来一看，女儿趴在琴上睡着了。这一夜她无法入睡，这样做行吗？继续下去是什么结果？有什么能比女儿的生命更重要呢？第二天，她慎重而又真诚地对女儿说："如果对琴没有兴趣，我们可以放弃，去做自己感兴趣的事。"最后，她尊重了女儿的意见。

这位母亲是对的，她没有强求，尊重了女儿的意见。每一位家长都希望自己的孩子有特长，可怜天下父母心，完全可以理解。如何才能使孩子有特长，作为父母要兴趣广泛，在某些方面有爱好，有特长，耳濡目染地感染孩子。同时要创造条件，提供方便，对孩子感兴趣而又有益的事表示赞同，大力支持。切记：特长是不能强求的。

孩子需要挫折

挫折是人生的财富，大凡坚强的人，有所作为的人，都有着不怕困难、战胜挫折的宝贵精神。为了孩子做一个坚强的人，父母要鼓励孩子不怕挫折，不怕失败，这才是真正的关爱。

全国"十佳少年"杜瑶瑶的成长历程，给了我极大的启示。

杜瑶瑶是个独生女，八岁失去父亲，母亲又身患重病。从此，还在上小学的她就挑起了安排自己生活与照料患病母亲两副重担，用她所有的能力，支撑着一个艰辛的家。在学校，杜瑶瑶学习刻苦，团结同学，积极参加各项活动，乐于帮助其他同学，是一个品学兼优的好学生。在家里，杜瑶瑶承担了一个成年人所能完成的一切家务，在母亲和邻里眼中是一个通情达理的好孩子。面对重重困难，杜瑶瑶不仅没有颓丧，而是勇敢地克服它；面对种种挑战，杜瑶瑶没有放弃，而是勇敢地迎接它。终于，她成功了，步入了大学的殿堂。她知道，是温暖的社会支持和帮助造就了她，她将努力学习，回报社会。

由此，我想到了独生子女的状况，自私、懒惰、娇气和依赖几乎成了他们的"通病"。面对如此严重的问题，有的父母浑然不知，有的父母姑息迁就，有的父母甚至认为"树大自然直"，长大了就好了。我要说的是，不能这么想，不能这么做，应该从杜瑶瑶身上受到启发：杜瑶瑶身上为什么找不到这些"通病"？可见，这些"病"不是先天的，而是后天的，是成人不当的关怀铸成的。

　　通过杜瑶瑶的故事，家长对孩子至少应做到三要三不要：第一，要有必要的批评，不要一味地迁就姑息。虽然正面鼓励与表扬是主要的，但必要的批评是不可或缺的，因为孩子总归是孩子，免不了犯错误。错了，就得说明原因，讲清道理，让孩子吃一堑，长一智。第二，要分担必要的家务劳动，不要一切由父母包办代替。除了孩子的事由孩子独立完成外，他们也应该参与力所能及的家务劳动，这对他们理解父母的辛苦，养成劳动习惯是大有益处的。第三，要经受必要的挫折，不要无原则地溺爱、袒护。挫折是人生的财富，大凡坚强的人，有所作为的人，都有着不怕困难、战胜挫折的宝贵精神。为了孩子做一个坚强的人，父母要鼓励孩子不怕挫折，不怕失败，这才是真正的关爱。

妈妈的审美，藏着孩子的模样

在什么是真善美，什么是假恶丑这个最基本、最主要的问题上，能够有一个客观的看法，这是做人的基本条件，也是为人父母的基本资格。

假的说成真的，恶的说成善的，丑的说成美的，就会误导天真、纯洁的孩子。

有文章说，一位母亲看电视时，常常当着上学的女儿对人物评头品足：这个人浓眉大眼、身材匀称，好漂亮；那个人贼眉鼠眼、五短身材，真难看。这个人的衣服搭配真协调，那个人的衣着打扮好难看……而对故事情节毫无兴趣，对人物的思想品德、精神风貌更是一字不提。时间长了，女儿也受了感染：一次，学校组织观看电影《雷锋》，并要求写出观后感。同学们有的写雷锋的钉子精神，有的写雷锋的远大志向，有的写雷锋的助人为乐，总之，同学们各有各的收获。而这个女同学却说雷锋缺乏气质，不够潇洒，尤其是个头矮得就像"武大郎"。班主任老师大惑不解，同样是看雷锋，这个女同学为什么会出现截然不同的"观感"？家访时，班主任负责地说了孩子的情况，并商讨一起教育的办法。这位母亲还莫名其妙，找不到孩子价值观念被扭曲的原因，并一再强调她平时是如何教导女儿树立远大理想和正确人生观的。

母亲错误的"审美观"影响了孩子，这是所有父母都应该引以为戒的！

这位母亲的"审美观"影响了孩子，扭曲了孩子的价值取向，原因不是她没有良好的主观愿望，她是非常希望自己的女儿具有远大理想的；原因也不出在她没有注重教育，她同样重视经常性的教导。那么，原因到底出在哪里？归根到底出在这位母亲自身的素质上。我们无法要求所有父母都具有极高的自身素质，但是在什么是真善美，什么是假恶丑这个最基本、最主要的问题上，能够有一个客观的看法，这是做人的基本条件，也是为人父母的基本资格。否则，假的说成真的，恶的说成善的，丑的说成美的，就会误导天真、纯洁的孩子。女儿感受不到雷锋的真善美，应该说是母亲无意中误导的结果。

过去有一首民谣说："头发梳得光，身上擦得香，只因不劳动，人人说他脏。"按说，这个人是美的，整洁的发式，讲究的服饰，还抹着诱人的香水。但是，因为他不承担人类最基本的责任与义务——劳动，所以，大家都说他肮脏。这位母亲首先要学会如何认识问题，如何透过表面看到事情的本质。只有这样，对孩子的教育才能说到要害处，这是最根本的。

说说孩子的衣着打扮

　　孩子在衣着打扮上出现问题，原因并不是他们好逸恶劳、贪图享受。

　　父母要做出榜样，加以引导，告诉孩子真正的美是心灵美，而不是外表美。

衣着打扮当然是怎么好就怎么来，这有什么好说的？你别奇怪，孩子的衣着打扮还真的需要说一说。

　　前不久，一位初中学生的母亲向我叙述了她的担忧：女儿上初一时，单纯、简朴，从不讲究打扮，头发理成什么算什么，衣服买来什么穿什么，就连洗手、洗脸，也是为了完成"任务"。可是到了初二，女儿变了，懂得挑挑拣拣了。尤其是衣服，再不是"你买我穿"了，有一段时间，同学之间互相换着穿，隔三岔五就冒出一个新花样。这位母亲还告诉我，她弟弟的小孩上小学四年级，有一次竟悄悄拿了父母的五百元钱买了一双在同学中最时髦的运动鞋。她惊奇地说："一双运动鞋，将近五百元，这要占到全家每月收入的很大比例，你说可怕不可怕！"

　　这位母亲的担忧不无道理。

随着社会的发展，人们的生活水平普遍有了提高，特别是在物质生活上，发生了前所未有的变化。按理说，孩子们穿得时尚一点，打扮得精干一点，谁都赞同，它是我们社会文明充满青春活力的亮丽风景。但是，中小学生还处在成长发育阶段，他们的独立性和选择性还很不成熟，兴趣、爱好还有很大的随意性，审美观念还处在幼稚的表面状态。因此，在衣着打扮这个最基本的生活常识上，不仅需要父母在物质上予以保证，而且还需要在方向上加以引导。

孩子在衣着打扮上出现问题，原因并不是他们好逸恶劳、贪图享受。仔细分析，有的是不甘落后，为了满足虚荣心，认为别人有什么衣服，自己也应有什么衣服，别人如何打扮，自己也应如何打扮；有的是盲目攀比，至于为什么要穿这样的衣服，理这样的发式，原因是"别的同学是这样"；有的是追求新奇，在强烈的表现欲望驱使下，追求不同于其他同学的服饰打扮。作为父母，一是要做出榜样，按照内在美与外在美的统一打扮自己，为孩子树立一个榜样；二是加以引导，告诉孩子真正的美是心灵美，而不是外表美；三是要讲清道理，告诉孩子学生时代为什么不宜戴戒指、挂耳环、抹口红、留长发和穿高跟鞋等。孩子理解了，就不会产生逆反情绪，而会心甘情愿按照父母的要求，使自己的衣着打扮既体现时代潮流，又符合学生特点。

大爱不爱

爱是忍耐,是包容,是恩慈,是企盼。同时,真正的爱还是教育,是引导,是制止,是拒绝。

大爱不爱,溺爱是害,这是真理!

有一篇《大爱不爱》的文章,初看标题,不理解,大爱为什么是不爱呢?细细看后,才领悟了其中的道理。文章说:一位母亲带女儿参加一个聚餐会,当服务员端上一盘椒盐基围虾时,小女孩拍着自己面前的桌子直嚷:"把盘子放在我这儿!"同桌的大人小孩面面相觑,谁也没说话。服务员踌躇片刻,把盘子放在她面前,小女孩旁若无人地大吃起来。同桌的人想:别人不好说,女孩的妈妈总该说什么吧?但直到聚餐结束,这位妈妈不仅没有批评女儿,还不时将女儿爱吃的菜夹到她的盘子里。原来,她压根就没有觉得女儿的举动有什么不妥。据说,第二天女孩因吃了过多的椒盐和油腻食物而患了急性胰腺炎,不得不到医院抢救。爱是忍耐,是包容,是恩慈,是企盼。同时,真正的爱还是教育,是引导,是制止,是拒绝。

你看,这位母亲对女儿不能说不是大爱,但是,这种爱不仅在女儿的思想上打了败仗，而且在身体上也吃了大亏。于是，大爱成了不爱。

可是，不爱又往往转化为大爱。我认识一个13岁的小朋友，五年前，他的母亲因车祸卧病在家，行动不便，他的父亲忙于工作，也无暇关照，凡是属于他自己的事，甚至一些家务劳动，全部由他承担。环境改变人，生活锻炼人。据我所知，这位小朋友独立生活的能力远远高于他的同龄人，而且他学习刻苦，关心父母，是一个品学兼优的好孩子。父母无法给他更多生活关爱的现实不是害了他，而是锻炼了他。虽然这种"不爱"是不经意的，但这种磨炼对他的一生都是大有益处、终身受益的。电视节目中《动物世界》栏目里，经常看到这样的情景：当小动物具备了独立生存的能力后，母亲就要把它们驱赶出去，不准它们再依赖父母。这种驱赶是野蛮的，有时候甚至是残忍的。是它们不爱自己的孩子吗？不是。动物们爱孩子丝毫不比人类逊色。但是为什么还要将孩子驱赶出去？是为了让它们更好地生存。许多动物正是经受了这一磨炼，所以学会了生存，得到了繁衍。如果不是这样，从小到大都要依赖父母，其后果是可以想见的。

大爱不爱，溺爱是害，这是真理！

学会拒绝

学会拒绝，拒绝也是关爱！

最近看了一档电视节目，感慨甚多，心里憋了很多话，不吐不快。说出来，请各位家长听听：

主持人问嘉宾："听说你有一儿一女两个孩子，他们现在好吗？"嘉宾是一位年过半百的母亲，她不假思索地答道："我有一个女儿。"主持人又问："儿子呢？"这一问触到了母亲的伤心处。她说："十几年了，没有见过儿子的面。他的父亲前几年重病，手术后处于死亡的边缘，即便这样，他也没有到医院看望一眼。"看来，这位母亲极度失望，心中已经没有了儿子的位置。好在母亲对不愉快的现状作了反思，意识到这是当初她走入爱的误区的结果。身为人母的她，当年常常为工作繁忙不能顾及家庭而深感内疚。对于孩子，更是百依百顺，总觉得这才是母爱。现在看来，都是溺爱惹的祸。

什么是溺爱？该批评的不批评，该拒绝的不拒绝，该惩罚的不惩罚（注意：惩罚不是体罚和变相体罚），一味地姑息、迁就、袒护，有求必应，百依百顺，这就是溺爱。

拒绝不是简单的压制，不是空洞的说教，不是粗暴的训斥，而是说理的引导。总结多数父母的经验，在以下三个方面要学会拒绝：第一，应该是孩子做的、孩子也可以做的，放手让孩子去做，父母绝对不要代劳。如果代劳了，表面上看是爱，实质上是害，它会让孩子养成依赖、等待甚至懒惰的不良习惯，对孩子的一生都是有害的。第二，遇到困难，受了挫折，凡是孩子经过努力可以成功或者承受的，应该由孩子自己去克服，去承受，父母不要代替。因为克服困难是人生必须要经历的，任何人都替代不了。经受挫折是人生必不可少的财富，这一财富可以使人变得坚强。第三，对于孩子盲目攀比、讲究表面的虚荣心，父母要及时发现，及时纠正，而不要无原则满足。虚荣心与上进心是截然不同的两种心理，前者是消极的，如果不注意纠正，时间长了就会使人变得狭隘、自私、孤僻和圆滑。拒绝虚荣心，正是为了培养孩子的上进心，这才是对孩子的终身负责。

学会拒绝，拒绝也是关爱！

话说孩子"不争气"

> 换一个角度看孩子,就是要少一些埋怨与指责,多看优点,及时肯定,善于激励,以优点为突破口,让孩子的"闪光点"越来越多,自信心越来越强。

据了解,相当一部分家长对自己的孩子不满意,而且,随着孩子年龄的增长,这种不满意的心理越发显得强烈,初中学生的家长比小学生的家长明显,高中学生的家长又比初中学生的家长强烈。原因是什么?一是孩子没有按照家长的期望成长。比如,家长期望孩子学习优秀,门门功课都考高分数,而孩子总是做不到十全十美;家长期望孩子品学兼优,每年都能拿回奖状,而获奖的总是少数人;家长期望孩子在某一方面很有特长,而孩子恰恰对父母期望的特长毫无兴趣。因为满足不了期望,所以不满意。二是孩子违反了有关纪律,受到了批评、处分,甚至触犯了法律,受到调查、处理。因为自尊心受到伤害,所以觉得孩子"不争气"。

面对成长中的孩子,重要的是有一个好的心态。应该肯定:严格要求,期望成才,既是对孩子负责,也是对社会负责,是责任心、义务感的表现。但是,把孩子当作争光的资本,稍不如意便埋怨孩子不争气,是一种掩盖着的虚荣心。虚荣心得不到满足就失去信心,放任不管,那就错了。所以,对孩子、对社会负责的表现,是父母要做出榜样,创造条件,让孩子走好人生的每一步,在实践中学会学习、学会做人、学会合作、学会做事。

任何事情都要实事求是,从实际出发,对孩子也是这样。如果要求过高,孩子经过努力仍然达不到,孩子的自信心就会被挫伤。一旦自信心受到伤害,再要激活它是要付出相当长的时间和极大的代价的。如果要求过低,孩子不经努力便可以轻易达到,也是一种误导,会使孩子错误地认为任何事情都是容易做好的。这种缺乏锻炼、没有挫折、不经努力便可以"摘到果子"的教育方式,表面看是成功,实际上是失败,它将导致孩子走入社会后弱不禁风,很难适应变化迅速、竞争激烈的生活与工作。从实际出发还表现在要从自己孩子这个特定对象出发,不要拿固定、统一的尺度来衡量自己的孩子。小学、初中、高中、大学各个年龄段的孩子,在心理、认识特点上极不相同,即使同一年龄段的孩子,个性差别也很大,如果拿高中学生的标准要求小学生,结果必然是失败的,因为它脱离了孩子的实际。

常常对孩子不满意的家长,要换一个角度看孩子,冷静地想想孩子有什么优点和优势,他的潜力是什么,是不是还没有得到充分开发。所有孩子都有强烈的自尊心,都渴望受到父母的肯定与赞赏。换一个角度看孩子,就是要少一些埋怨与指责,多看优点,及时肯定,善于激励,以优点为突破口,让孩子的"闪光点"越来越多,自信心越来越强。

不要小看习惯的力量

　　不要小看习惯，而要细心观察，精心呵护，从良好的习惯做起，让孩子在生活、学习、交往等方面形成良好的习惯，这是孩子走向成功的重要因素。

　　习惯是长期养成、比较固定、在一定情景下自然而然表现出来的行为或动作。习惯完全是后天的产物，它是在无意识中经过反复练习形成的。一旦成为习惯，就很难改变，在一定情景下会很自然地表现出来。比如早起的习惯，是长期早起养成的，一到时间就想起床，不起床就觉得难受。再比如阅读的习惯，也是长期阅读养成的，一有时间总想看点什么，不阅读就觉得空空荡荡，好像有一件要紧的事情没有去做。可见，习惯是长期养成的，是自然表露出来的。

　　人的习惯是非常广泛、多种多样的，既有生活习惯，又有工作习惯、学习习惯、行为习惯，还有社交习惯、娱乐习惯等。在生活习惯上，又包括饮食习惯、起居习惯、卫生习惯等。习惯是在满足需要中形成的。比如睡懒觉，是长期的睡懒觉，满足了"舒服"这一心理需要后，逐渐形成了睡懒觉的习惯。再比如对人热情、有礼貌，是在与人交往中表现得热情、文明，因而受到别人的赞赏、尊重，满足了自尊这一心理需要而逐步形成了热情、有礼貌的习惯。

习惯有好坏之分。凡是既有利于自己，又有利于他人，为社会所接受、所欢迎的为好的习惯，反之，则是不良的习惯。良好的习惯能使人保持平静的心态，冷静、理智地对待自己，稳妥、友善地对待他人。因而，好的习惯对每个人的生活、学习、工作、交往都起着积极的作用，它既是个人走向成功的重要因素，又是维系人与人之间的关系、营造和谐的社会氛围的重要因素。而不好的习惯却有许多害处，轻则使有着不良习惯的人陷入孤立，变得或自卑、或清高、或孤僻、或暴躁，重则影响到人际关系，使同学、同事、邻里等之间的关系变得不融洽，不和谐。如果是这样，对个人、对社会都是不利的。

人们常说"习惯成自然"。意思是说无论好的习惯还是不好的习惯，都是自然而然表现出来的。又说："五岁习成，六十亦然。"就是说五岁形成的习惯，六十岁时仍然是那样。作为父母，要懂得习惯是养成的，习惯又是很重要的，努力帮助孩子养成良好的习惯。

不要小看习惯，而要细心观察，精心呵护，从良好的习惯做起，让孩子在生活、学习、交往等方面形成良好的习惯，这是孩子走向成功的重要因素。

如何培养孩子的良好习惯

习惯是后天养成的，坏习惯经过努力也是可以改掉的。

中小学生处在成长发育阶段，可塑性很大，注意引导，就会形成良好的习惯，即使有一些不良的习惯，及时发现，矫正过来也并不十分困难。

父母如何帮助孩子养成良好的习惯呢？

第一，为孩子做出榜样。榜样的力量是巨大的，它能让孩子在耳濡目染中得到熏陶，受到启发，在不知不觉中形成好的习惯。比如要求孩子具有讲卫生、爱整洁的习惯，父母首先要讲卫生、爱整洁；要求孩子具有爱学习、肯钻研的习惯，父母首先要爱学习、肯钻研……只有这样，孩子才能在榜样的带动下，在良好的环境中，逐步养成良好的习惯。

第二，帮助要有针对性。人的各种各样的习惯，好的总比坏的多。孩子也是这样，好的习惯总是主流。既然这样，就不要把孩子偶然的异常表现定义为习惯，那样做反而会引起孩子的不满，产生逆反和抵触情绪。在帮助孩子克服不良习惯时，首先要分析形成坏习惯的原因，这样矫正起来才有针对性。比如学习时拖拉、磨蹭，有的是因为孩子对学习没有兴趣，有的是没有时间概念，有的是性格所致，有的是对家长或老师有意见，用磨蹭表示反抗。如果不问青红皂白，简单训斥一顿，孩子是不会心悦诚服的。只有弄清原因，讲清道理，才能收到好的效果。

第三，矫正不良习惯要适时。不良习惯是经过较长的时间、多次的重复以固定的行为方式表现出来的，时间越久，矫正越困难。因此在孩子的不良习惯刚刚形成或初见苗头时，就要及时予以矫正，不要有"树大自然直"的侥幸心理。中小学生识别能力差，好奇心强，喜欢模仿，小学生常常把父母看成"偶像"，初中学生常常把同伴当成"偶像"，在很多方面也常常以"偶像"为"榜样"。如果"偶像"有什么不良习惯，便很容易影响学生。所以，在矫正孩子的不良习惯时，一定要坚持正面疏导，切忌强迫命令。同时要在他们心情愉快的时候，就某个方面的习惯与孩子平等讨论，使孩子在不知不觉中受到教育。

第四，巧妙运用激励的方法。对于性格开朗、自尊心强的孩子，可采用激将的方法，使之猛然醒悟，改掉不良习惯。对于性格内向的孩子，应采用奖励的办法，使他们从内心感受到父母的良苦用心，反省不良习惯的害处，用内在的力量克服不良习惯。

第五，适当采取惩罚措施。惩罚是用外部强制的力量帮助孩子矫正不良习惯。惩罚不是体罚或变相体罚，而是通过语言提醒、眼神或表情暗示、取消原有许诺等，让孩子在思想上有所触动，明白这些都是不良习惯"惹的祸"，从而下定决心改掉不良习惯。

和孩子一起去旅行

旅游是一种综合性的活动，是享受、是学习、是锻炼、是交往、是放松、是体验。

旅游是一种没有书本的学习活动，还是一种特殊的体育锻炼。

旅游是工作的加油站、思想的调节器，又是一种有益的社交活动。父母带孩子一起旅游，可以在一种特定的环境与气氛中增进亲情，加深理解。

随着生活水平的提高，旅游已经悄悄走进寻常百姓家，国内、国外、省内、省外、市内、近郊，尽情体验着人文瑰宝和自然景观，享受着美好的生活。

旅游是一种综合性的活动，是享受、是学习、是锻炼、是交往、是放松、是体验。古人说："读万卷书，行万里路。"行万里路就是进行实地的考察、访问、参观、旅游。可见，很早人们就把旅游与读书看得同等重要。徐霞客的《水经注》就是实地考察了山山水水以后写出来的。在人文瑰宝面前情感得到熏陶，在自然景观里面灵魂得到净化，这既是一种享受，更是一种学习。所以，有人说旅游是一种没有书本的学习活动。旅游还是一种特殊的体育锻炼，攀登高山、海边击水、沙滩日光浴、林间森林浴，既锻炼了身体，又磨炼了意志，乐中有苦，苦后有甜，大人小孩都愿意参加。紧张、繁重的工作和学习之后，旅游可以使心理得到放松，情绪得到缓和，思路得到调整。旅游后的愉快心情，又会促进工作与学习。有人说，旅游是工作的加油站、思想的调节器，看来是不无道理的。在旅游中，还可以结识新朋友，听到许多信息，增长见识，丰富自己。所以旅游又是一种有益的社交活动，不少人通过旅游成了朋友，扩大了社会交往。父母带孩子一起旅游，可以在一种特定的环境与气氛中增进亲情，加深理解。因为它不是在熟悉的家庭里，而是在陌生的环境中。虽然同样是吃饭、睡觉、活动、交流，但它是在特定的环境下进行的，孩子会更真切地体会到父母的关爱。旅游给孩子留下的影响，特别是父母纯真的感情，孩子将终生不忘。

　　利用节假日和孩子一起旅游并不是十分困难。条件好的，线路与时间可以长一点；条件一般的，线路与时间可以短一点；条件差的，可以另辟蹊径，不花钱也可以旅游。总之，只要想旅游，办法总比困难多。

家庭变化了如何教育孩子

事情都是变化着的，家庭也一样。家庭的变化会影响到孩子的成长。

所有的人都希望有一个温馨的家，正是有了这一思想基础，所以多数家庭是幸福的。虽然有时也出现一些矛盾，但和谐总是主流。

事情都是变化着的，家庭也一样。家庭的变化会影响到孩子的成长，因此有必要说说家庭变化了如何教育孩子。

经过努力，条件一般或者很差的家庭变得富裕了。家庭富了，条件好了，要让孩子"身在福中须知福，身在福中也知苦"，该花的钱要花，不该花的钱绝不乱花。大手大脚，有求必应，那不是爱孩子，而是害孩子。夸富、摆富，拿金钱调动孩子的积极性，那不是应有的品德，而是一种精神污染，它会消磨孩子的意志，变得依赖、懒惰，失去上进心。越是家庭条件好，越要严格要求孩子，让他们经受磨炼，懂得艰苦，知道勤俭，这才是真正的财富。

处于困难阶段的家庭，特别是在遭遇偶发事件的情况下，如突然受到挫折，工作遭到失败，家庭成员有病缠身等，既要让孩子知道难在什么地方，又不要让他们失去信心，鼓励他们与大人同心协力，战胜困难。大有大的难处，小有小的难处，各家都有各家的难处，问题是怎么对待困难。整日怨天尤人，困难仍然是困难；振作精神，不轻言输，拼搏一番，多数可以战胜困难。切记：自己在遇到挫折、家庭条件不好的情况下，绝不要在孩子身上出气，因为孩子是无辜的。如果每天愁眉苦脸，一蹶不振，或者冲孩子发火，拿孩子出气，那只会伤害孩子。家庭越有困难，父母越要给孩子做出榜样，意志坚强，乐观开朗，让孩子在耳濡目染中变得坚强。

父母离异对孩子的影响是严重的，有的甚至伤害到孩子幼小的心灵，种下了仇恨的种子。无论父亲还是母亲，既然分手了，就要面对现实，不计前嫌，更不要在孩子面前发泄对对方的不满。那样做，只能是一种自私、狭隘的发泄，自己出气了，孩子却再一次受到了伤害。孩子是父母双方曾经拥有的爱情的结晶，亲情关系是不会因为离异而改变的。他们既不是父母的私有财产，也不为一方所有。既然如此，就要冷静、理智地对待离异，妥善、友好地对待对方，绝不要伤害无辜的孩子。孩子到了一定年龄时，要客观地说明离异的原因，坦诚地让孩子保存那份亲情，"化干戈为玉帛"，该抚养的抚养，该来往的来往，这才是离异父母应有的社会责任感。

活着的意义

　　活着的意义是自信，是奋斗，是信任，是理解，是一种博大的胸怀。所有的人活得满意，自己活着才会美好。

　　父母的言谈和情绪，既影响家庭气氛，又影响孩子的思想。理智，对于已为父母的人来说，除了关系到自己，还关系到孩子。

　　有的人未被提拔，整天牢骚满腹，怨天尤人，说领导不重视，怨别人不理解；有的人待业下岗后，不设法开拓生活新路，整天唉声叹气，萎靡不振，埋怨自己命运不好，生不逢时；有的人工作受到挫折后，不分析受挫的原因，整天埋怨别人；有的人与同事、邻居不和，回家后大骂同事或邻居不好，从不审视自己有什么过错；有的父母之间有矛盾，不分场合，不顾影响，想说什么就说什么，怎么解恨就怎么说，根本不顾及孩子的存在……凡此种种，表明这些人对他人、对生活、对人生缺乏信任，缺乏理解，缺乏追求。这些表现，很容易在孩子幼小的心灵里留下一些阴影：人生原来充满矛盾，你争我斗，充满艰辛。如果父母不重视，时间长了，会使孩子对生活失去热情，对未来失去信心，对他人失去理解，变得鼠目寸光，得过且过，失去积极、向上的自信。

生活从来就不是一帆风顺的，人生的各种坎坷谁也避免不了。区别在于，有的人遭遇的坎坷大而多，有的人遭遇的坎坷小而少；有的人迈过了坎坷，有的人被坎坷绊倒。一帆风顺、万事如意、心想事成等，只是美好的祝愿，享受生活的唯一途径是努力。生活是美好的，所以人们都渴望活着。生活是什么？生活如爬山，只有不畏艰辛，奋力攀登，才能到达顶峰，把所有美景尽收眼底；生活似过河，只有不怕凶险，敢于进取，才能到达彼岸，享受另一番美好；生活像种花，只有勤于浇灌，精心呵护，才能体验花的艳丽；生活是交往，只有相互信任，相互理解，才能感受到和谐、宽松、民主、平等的伟大。活着的意义是自信，是奋斗，是信任，是理解，是一种博大的胸怀。所有的人活得满意，自己活着才会美好。

父母要在生活上为孩子做出榜样，少一点多愁善感、怨天尤人，多一点活泼开朗、奋斗拼搏；少一点埋怨现实、相互指责，多一点理智反省、相互理解。这样，孩子一定会在父母的影响下变得自信，学会宽容，去追求更加美好的生活。

抓住机遇，挑战自我

"命运"就是机遇，抓住机遇，勤奋拼搏，终于获得了成功，也就是把握住了"命运"。

机遇是平等的，对谁都一样；机遇又是公开的，谁都可以抓住。

一位朋友，连续几年出麻烦。最近，又因工作失误受到批评，心情很不好，电话里说了许多泄气的话。此时，他最需要的是倾诉，是宽慰，是鼓励。

星期天，我到了他家，果然他像霜打了似的，少言寡语，精神不振。他的爱人只说些生活上的事，显然是要回避他的"痛处"。上初中的孩子非常礼貌地问好后，也赶快小心翼翼地走开了。我想，一定是父亲心烦时拿他出过气。朋友之间应该是开诚布公的，我说了许多我的想法，他也说了许多他的苦恼。可以看出，他仍然徘徊在挫折的阴影中，说得最多的是"命运不好""听天由命"。

回家后，我想了很多。尤其是那个孩子提心吊胆的样子在我脑海中总是挥之不去。人生路上，有困难、有矛盾、有挫折、有失败，是十分正常的，正像同时有顺利、有喜悦、有成功一样，问题在于如何正确对待。每个人都有每个人的苦恼，每时又有每时的苦恼，除了工作外，社会交往、晋职晋级、表扬批评、邻里关系和生活琐事等，都可能出现矛盾，带来不愉快。如果在孩子面前显得万般无奈，把这些苦恼归根于"命运"，甚至长吁短叹，听天由命，这种悲观情绪就会给孩子一种误导，觉得父母都无能为力，可能"命"是存在的，只能"听天由命"了。如果长期下去，这样的孩子长大后很可能软弱无能，碌碌无为。

有人说，"命运"就是机遇，抓住机遇，勤奋拼搏，终于获得了成功，也就是把握住了"命运"。这样说来，机遇是平等的，对谁都一样；机遇又是公开的，谁都可以抓住。埋怨"命运不好"，常常是不愿意把握机遇；哀叹"听天由命"，往往是缺乏自信。现代社会既需要具有竞争意识和拼搏精神，又需要保持谦让、忍耐、坦荡和合作的传统美德，二者完全可以也应该统一于一个人的品行之中。只有这样，才能笑迎每一天，尽情地享受工作，享受生活。

有一句谚语说得好："有心走路山成路，无心走路路成山。"可见，有心走，山也有路；无心走，路会成山。还有一位哲人说过：一个人被打败，常常不是别人，而是他自己。可见，决定成败的关键在自己。

挑战命运，让孩子从父母那里学会挑战自我。

学会调动孩子的主动性

"善喻"是引导、是鼓励、是启发,是调动孩子内在的主动性,让孩子感受到成功的快乐,体验到学习的乐趣,始终保持一种向上的动力。

"善喻"就是善于启发诱导,古人高度而又精辟地概括了三句话:"导而弗牵"——引导而不牵着学生走,这样才能形成一个和谐、融洽的师生关系;"强而弗抑"——鼓励而不推着学生走,这样才能使学生感到学习是轻松、愉快的;"开而弗达"——启发学生思考而不代替学生下结论,这样才能引导学生找到学习的兴趣,提高独立思考的能力。

在学校,教学活动是实现教育目标的主要渠道。尤其是在现代社会,教学活动是一种综合性的学习实践活动,它已经不是单纯的知识传授与接受,还增加了互动研讨、交流学法、实验操作、社会实践和特长培养等活动。教学原则就是教学指导思想,对于老师来说是非常重要的。因为观念指导行动,只有具备正确的教学指导思想,才能促进学生健康成长。

"善喻"的核心是引导、鼓励、启发学生的内在积极性。世上万物的变化，内因是依据，起决定作用；外因是条件，起促进作用。像正常的鸡蛋在一定的温度下、规定的时间里才能孵出小鸡一样，鸡蛋是内因，温度是外因，如果鸡蛋是没有受精卵的鸡蛋，或者是已经变质的"坏蛋"，那么外因再好，温度再适宜，也是孵不出小鸡的。整个社会和所有学校都在追求高质量的教育，所有老师都希望自己的学生成人成才，为此都在努力营造有益于学生成长的外部条件，外因是有积极性的，给学生成长创造了基本条件。现在的问题是激发内因，调动学生的主动性和积极性。

所有家长都希望自己的孩子是优秀的，也都为孩子的成长创造着良好的条件。家长的积极性和家庭条件是外因，虽然也是很重要的，但是只能起促进作用。起决定性作用的是孩子内在的主动性和积极性。因此，家长要从"善喻"中受到启发，除了继续营造良好的外部条件外，还要激发孩子的内在因素。

"善喻"是引导、是鼓励、是启发，是调动孩子内在的主动性，让孩子感受到成功的快乐，体验到学习的乐趣，始终保持一种向上的动力。

幻想如何成为理想？

童年是充满阳光、富于幻想的金色年代。

幻想以社会或个人的理想和愿望为依据，是对还没有实现的事物的想象。

作为家长，要理解孩子，通过引导，与刻苦努力结合起来，与自身条件结合起来，逐步把幻想与社会需要结合起来。告诉孩子只要结合得好，幻想就变成了理想，并且一定能够变成现实。

几乎所有小孩子都喜欢看动画片，无论是国内的还是国外的，看起来总是那么聚精会神、津津有味。

这是为什么？因为动画片适合与满足了孩子们富于幻想的心理需要。在内容上，动画片直接、鲜明地描写真善美与假恶丑，孩子们一看就懂。在形式上，多数动画片形象、生动、浪漫，甚至离奇、荒诞，用夸张的手法把孩子们带进了一个个变幻无穷的世界。在这个世界里，既以现实为基础，又远远超出了现实，比如眼睛比嘴大，动物会说话，一跳能上天，什么都不怕，这些都满足了他们的好奇心理。

童年是充满阳光、富于幻想的金色年代。受生活阅历的局限，处于童年的孩子天性纯真，纯洁得像一张洁白的纸，企盼着为家庭、学校以及整个社会画上最美丽的图案。在他们眼里，没有困难，没有恐惧，没有懊悔，什么时候都显得天真活泼，无忧无虑。在他们眼里，什么都是新鲜的，总是喜欢"打破砂锅问到底"，经常向大人提出各种各样的问题。在他们眼里，什么都是美好的，看到军人想当兵，看到汽车想开车，一会儿想当运动健将，一会儿想当科学家。一切美好的愿望不断进入他们的想象，积极向上，追求美好是他们生活的主流。

幻想以社会或个人的理想和愿望为依据，是对还没有实现的事物的想象。对于成年人来说，由于有了一定的生活阅历，特别是有了磕磕碰碰的磨炼，不切实际的幻想少了，遇事学会了冷静思考。虽然所有的人都心存美好愿望，但是通常情况下也都能够理性地对待自己，客观地对待他人，这是成熟的表现，所以叫成人。对于还处在童年的孩子来说，富于幻想既是这一年龄段的孩子们的特点，又是一种可贵的心理品质。正是有了这一品质，所以儿童才生动活泼，充满朝气。作为家长，要理解孩子，通过引导，与刻苦努力结合起来，与自身条件结合起来，逐步把幻想与社会需要结合起来。告诉孩子，只要结合得好，幻想就变成了理想，并且一定能够变成现实。

让孩子尽情玩耍

童年应该充满欢乐，让孩子尽情享受玩的乐趣。

让孩子尽情玩耍，让童年充满欢乐，实质上是在培植孩子广泛的兴趣和爱好。

每个人都有自己的童年。成年后，特别是到了老年，每当忆及往事，许多青年、中年时期的事情可能已经淡忘了，但童年、少年时期的往事却印象很深。尤其是童年、少年阶段结识的朋友，感情纯洁、深厚，一辈子也忘不了。

有的父母很疑惑：为什么孩子总喜欢玩耍？这是因为：第一，处于童年期的孩子好奇心极强，对什么都觉得新鲜，干什么都想参与。有些事情在大人看来非常简单，他们却认为十分神秘；有些活动在大人看来毫无乐趣，他们却玩得津津有味。受好奇心的驱使，他们的玩兴极大。第二，天真幼稚，没有任何负担，既不像中学生那样有学习负担，又不像成年人那样有工作、家庭负担。大人在没有负担的时候想玩，孩子们没有负担时更想玩。第三，精力充沛，从来不知道什么是累。中午休息，对成年人来说是一种享受，而对童年的孩子来说是一种折磨。玩是释放他们充沛精力的最好方式。第四，从众心理的缘故。人都有从众心理。外出，喜欢到人多的地方去；做事，一般按多数人的想法办。孩子也是如此，看到其他小朋友玩什么，他也想参与，人越多他们越高兴。

童年应该充满欢乐，让孩子尽情享受玩的乐趣。因为，童年的玩实质上是一种体育活动，孩子们在玩耍中可以强健身体，磨炼意志。童年的玩还是增长见识的极好机会，孩子们在玩耍中不仅学会了应该怎么做，不应该怎么做，而且懂得了互相配合、彼此关心，这是人际关系中最基本的常识。兴趣、爱好是十分重要的非智力因素，某种意义上，它是一个人能否取得成功的关键。道理很简单，一个人一旦对某件事有了浓厚的兴趣，他就会克服一切困难，不怕任何挫折，想尽一切办法去完成它，这就是成功。很多人的兴趣、爱好是在童年或少年时期形成的，是在他们天真、活泼的玩耍中形成的。所以，让孩子尽情玩耍，让童年充满欢乐，实质上是在培植孩子广泛的兴趣和爱好。

当然，除了孩子们自发的玩耍活动外，还有必要的学习和训练。这就需要父母加以引导，必要时给以提示或约束，该做什么做什么，从小养成一个良好的习惯。

每个孩子都蕴藏着优势

放大镜的功能是把小的变成大的,让人看得更清楚。善用放大镜,是指父母在教育孩子时,不要只看到他们的缺点,同时也要看到他们的潜在优点,特别是他们身上蕴藏着的优势,哪怕这优点很小很小。

有人调查,发现许多孩子说不出自己的优点,而对自己的缺点或毛病却能罗列一大堆,比如不认真、不细心、不吃苦、不讲卫生、不爱劳动和不讲礼貌等。为什么孩子不知道自己的优点?主要原因在家长。他们对孩子的期望过高,稍不如意或没有达到自己的期望,便没完没了地批评。结果,孩子只知道自己的缺点,不知道自己还有优点。

其实,每个孩子都有每个孩子的优点,而且许多优点是和被家长批评的所谓缺点同时存在的。比如,坐不下来、爱走动、不专心,往往是好奇心强、兴趣广泛、爱好多样;说话多、做事快,毛毛躁躁,常常出错,往往是性格开朗、做事果断;依赖家长,是信任父母的一种表现;有时候自卑,恰恰是自尊的表现;说谎是错误的,但孩子为什么要说谎,其实有时候是对家长错误做法的一种抵制，是对自己的一种保护；顶撞当然也是不对的，但孩子为什么会顶撞？多数情况下是表现自己的不满情绪，同时也说明孩子有了独立意识和平等、民主的观念……因此，当看到孩子的缺点时，家长应注意孩子身上蕴藏着的优点，不要过多地重复孩子的缺点，更不要把孩子说得一无是处。

反复批评指责，对孩子是一种误导。时间长了，孩子可能认为这些一定是自己的缺点，要不然，为什么连自己的父母也会这样反反复复说呢？如果孩子只知道自己的缺点和毛病，而不清楚自己的优点和长处，那是十分危险的。长此下去，孩子将变得胆怯、自卑、冷漠、孤僻，缺乏自信与自尊，严重时甚至出现逆反、顶撞的行为和破罐子破摔的后果。

放大镜的功能是把小的变成大的，让人看得更清楚。有的父母爱子心切，恨子也心切，总想一口吃成大胖子，幻想自己的孩子完美无缺，所以看到的总是孩子的缺点，而忽略了他们的优点。善用放大镜，是指父母在教育孩子时，不要只看到他们的缺点，同时也要看到他们的潜在优点，特别是他们身上蕴藏着的优势，哪怕这优点很小很小。在教育孩子克服他们的缺点时，更要鼓励他们坚持自己的优点，发挥自己的优势，充满自信地走好人生每一步，这对孩子是非常重要的。

奋发努力是回报歧视的最好做法

　　当孩子遇到歧视时，作为家长，要善于克制自己，千万不要失去理智，火上浇油，鼓动孩子以错误的手段去对待错误的做法。

　　告诉孩子奋发努力是回报歧视的最好做法。

　　人在受到歧视甚至被无缘无故地冤枉后怎么办？大致有三种选择：一是以牙还牙，以眼还眼，以同样的做法对对方讽刺、挖苦一番，以解心头之恨、胸中之气；二是心平气和、有理有据地向对方加以说明，消除对方的误会，推倒加在自己头上的不实之词；三是以平常心对待，"话由别人说，路在自己走"，奋发学习，努力工作，用成功回报歧视。

　　记得一篇文章说，有一位老师无故被辞退了，起初本想报复，但后来他选择了奋发学习，经过努力，考上了研究生。上学后，他不恨那位校长了，正是那位校长教给他奋发图强，最后成就了自己。

　　大人会受到歧视，小孩也会受到歧视。虽然歧视孩子是错误的，但这种情况总是存在的。孩子受歧视，有时候是成年人心怀偏见，认为成不了"气候"，对孩子爱搭不理，冷漠放弃；有时候是未成年人年幼无知，把暂时落后或某方面不如人当作笑料；有时候是家长在"恨铁不成钢"的驱使下，对孩子说些"丧气"的话，虽然家长的本意是激励，但是在孩子看来是讽刺、是挖苦、是泄气。

我们无法要求所有的人都能真诚地尊重对方，更无法要求年幼的孩子们能够理智地尊重他们的小伙伴。但是，我们应该做到冷静地对待歧视。因为理解、尊重是社会的主流，而误解、歧视是社会的支流。当孩子遇到歧视时，作为家长，要善于克制自己，千万不要失去理智，火上浇油，鼓动孩子以错误的手段去对待错误的做法。如果那样做，不仅是一种误导，使歧视这种错误成为恶性循环，而且很可能在孩子幼小的心灵里种下"敌视"的种子，稍不如意，便由歧视演变为仇视，那是非常危险的。

所以，当孩子受到歧视时，家长在问明情况后，应明确告诉孩子不管什么人，也不论什么原因，歧视任何人都是错误的，我们反对歧视，也不歧视别人。同时，告诉孩子奋发努力是回报歧视的最好做法，各个方面进步、提高了，得到的必然是别人的羡慕与尊重。

引导孩子立大志，干大事

> 孩子是社会中的人，社会中的人有大志、干大事，有利于社会的发展。

每一位家长都希望自己的孩子从小有雄心大志，将来做出一番大事业。应该说这种想法并不是狭隘自私的，因为，孩子是社会中的人，社会中的人有大志、干大事，有利于社会的发展。

小学阶段的孩子，特别是低年级的孩子，他们的理想就是兴趣，而且很不稳定。看到汽车很神气，就想当司机；看到飞机很神秘，就想开飞机；看到军人很威武，就想当解放军；看到动物饲养员整天能和动物在一起，就想当饲养员。多数孩子以父母为偶像，如果要问长大了做什么，不是做爸爸那样的人，便是做妈妈那样的人。父母要理解这一阶段的孩子兴趣广泛而又多变的特点，不要指责他们想入非非，更不要批评他们天真的幻想是"没出息"，而应激发他们广泛的兴趣，并且为之创造条件，帮助他们体验兴趣的快乐，享受成功的喜悦。

初中阶段的孩子，他们对理想认识虽然比小学时期有了提高，但仍然显得朦胧。这一阶段的孩子崇拜的偶像是他们认为值得敬佩的同龄人或稍长几岁的同辈。看到运动员获奖后胸前挂着奖牌，手里捧着鲜花，面对国旗，高唱国歌，他们便激情振奋，想当运动员；看到歌唱演员高亢的歌声赢得阵阵热烈掌声时，他们陶醉其中，想当歌唱家；看到画家的画活灵活现、栩栩如生，他们想当画家；看到老师和蔼可亲、受人尊敬，他们又想长大了当老师……父母要为孩子学会欣赏而高兴，并尽可能地同孩子一起欣赏生活、欣赏文明、欣赏社会的发展与进步，在欣赏中认识真善美、鞭挞假恶丑，让真善美在他们的心里扎根，成为他们追求的理想。

高中阶段的孩子已经进入"准青年"时期，他们有了一定的分析、判断能力，对接触到的人和事有了自己的看法，对自己的未来充满了憧憬。虽然他们严守秘密，不愿张扬自己的理想，但都在设计并实践着自己的未来。作为父母，一方面要洞察孩子的秘密，帮助孩子分析判断，把远大理想扎根在社会需要与个人实际的结合点上；另一方面不要强求，要尊重孩子的选择，创造条件，改善环境，让孩子在一个既轻松又振奋的氛围里实践自己的理想。

当然，不论如何引导孩子树立远大的理想，最重要的还是父母做好自己的本职工作，让孩子发自内心地崇敬父母，将来无论做人还是做事，都要像父母一样。

让孩子懂得自尊、自信、自强

让孩子从小就懂得自尊、自信、自强,并且有意识地培养这些品质,对孩子走好人生每一步都是至关重要的。

严格来说,孩子的人生道路如何走,主要取决于孩子,并不取决于父母设计得如何美好。但是,让孩子从小就懂得自尊、自信、自强,并且有意识地培养这些品质,对孩子走好人生每一步都是至关重要的。

自尊既是一种优秀的心理品质,又是一种良好的道德行为。自尊是与自觉紧紧连在一起的,只有自觉,才能自尊。什么是自觉?就是在没有任何强制的情况下,自己认识到了应该怎么做,不应该怎么做。比如,凡是应该做的,没有别人督促,自己也主动去做,这就叫自觉。可见,自尊的基础是自觉,一个自觉的人,肯定是一个有自尊的人。人都有自尊心,也都希望受到别人的尊重,它像穿衣、吃饭一样,是一种必不可少的精神需要。但是,享受别人尊重的前提是自己尊重自己。试想,一个连自己都不尊重的人,怎么能得到别人的尊重?所以,自尊又是互相理解、互相尊重、人际关系和谐的基础，正是有了这个基础，个人才会心情舒畅，社会才能持续发展。

自信就是自己相信自己，相信通过努力可以实现自己的愿望。人的自信心主要是通过别人的鼓励，自己的实践，在反复体验成功的快乐中形成的。很多学校开展的"欣赏每一位孩子"和"我能行"活动，就是为了培养学生的自信心。一位心理学家在没有经过任何测试的情况下，列出部分学生的名单，并告知学生的班主任说："这些孩子智商高，很聪明，最有发展前途。"班主任高兴地告诉了这些学生，学生又高兴地告诉了自己的父母，学生、老师、家长都享受着"聪明"的喜悦，在各方面也显示着自信。一年后，那位心理学家对这些学生进行系统测试，这些学生的各项指标居然都非常优秀。实践证明，自信是成功的基础。父母对孩子要有信心，用自己的信心去激发孩子的自信，让孩子从父母的话语和眼神里感受到"我能行"。

自强是一种优秀的意志品质，任何人都应该振奋精神，努力向上。天上掉不下馅饼，土里冒不出金条，所有人的成功都是自强不息、百折不挠、持之以恒的结果。父母要低下高贵的头，让孩子从榜样那里受到鼓舞，汲取力量，走好人生每一步。

不要让孩子在"温床"中长大

不论孩子将来从事什么工作，坚强的意志，不怕困难、不怕挫折、百折不挠的品质，对于他们去迎接和适应社会上的激烈竞争都是大有好处的。

一位父亲前一天早上在桌子上放了十元钱，第二天早上自己又收起了。晚上女儿放学回家后，他慎重地问女儿："你是不是拿了桌上的十元钱？"女儿听后，开始大喊冤枉，继而放声大哭，显然无法接受这一不白之冤。过了一段时间，他又以同样的做法考验女儿。这一次，女儿虽然仍显得冤枉，极力说明，但是比第一次大哭大闹好多了。又过了一段时间，父亲再以同样的方法考验女儿。这一次，女儿显得平静、坦然，只是淡淡地说："钱是你丢的，你去找，和我没关系。"这位父亲介绍说，现在的孩子需要挫折，需要经受各种磨炼，包括被怀疑、被冤枉，只有这样，他们才有可能变得坚强。

这位父亲的看法是有道理的，因为他看得远，关注着孩子的未来。不论孩子将来从事什么工作，坚强的意志、不怕困难、不怕挫折、百折不挠的品质，对于他们去迎接和适应社会上的激烈竞争都是大有好处的。

坚强的意志品质是在实践中形成的。运动员具有坚强的意志，因为运动员参与了近似残酷的体育训练；军人具有坚强的意志，因为军人参与了严格的军事训练；农民具有坚强的意志，因为农民在劳动中付出了汗水；工人具有坚强的意志，因为工人的劳动充满了艰辛……凡是具有坚强意志的人，都是实践劳动的积极参与者。所以，父母要鼓励和支持孩子参与各种实践活动，参与就是锻炼，参与就有收获。除了学习以外，什么也不想让孩子参加，这不是真正的爱，恰恰使孩子失去了锻炼坚强意志的机会，从长远看，是害了孩子。

钢铁是经过高温炼出来的，松柏顶住了严寒才迎来了春天，许多创造发明是经过反复失败才获得了成功，人生路上充满着各种矛盾。困难、失败、挫折、逆境谁都会遇到。有的人遇到这些矛盾灰心了，气馁了，不干了，结果一事无成；有的人遇到这些矛盾，不回避，不后退，想尽办法去战胜它，所以取得了成功。坚强意志是不断经受考验与磨炼的结果。教育孩子不要怕吃苦，不要怕失败，不要怕挫折，越是逆境，越要坚强。许多人的失败，主要原因不在客观，恰恰是自己打败了自己。所以，引导孩子树立雄心大志，切莫忽视了让孩子经受磨炼，经受挫折。

什么是心理与心理素质

让孩子用自己的非智力因素去调动自己的智力因素，逐步形成积极、健康、向上的心理素质。

客观事物反映到人的头脑后引起的感觉、知觉、思维、情绪和感情等一系列活动就是心理。客观事物对任何人都是公开、公正的，但是人们对客观事物的反映却不尽相同，得出的结论与采取的态度也不尽相同。这就是心理活动的普遍性与特殊性，也是为什么要十分重视心理研究的原因所在。

既然有心理，就有心理素质。人的心理素质是智力因素与非智力因素结合的总称。

人的智力因素也叫智商、智慧，就是我们平常说的聪明程度，包括观察力、注意力、思维力、想象力和记忆力。除了特殊情况外，人的智力因素基本上是相同的，没有太大的差别。研究结果表明，智力超常，特别聪明，也就是人们所说的"神童"只占1%到3%，97%到99%的孩子智力水平基本上是一样的。

人的非智力因素包括兴趣、爱好、情感、意志、毅力和个性等。在非智力因素上，人与人是不完全相同的，有的爱好体育，有的对文艺有兴趣，有的多愁善感，有的意志坚韧……这些都反映了非智力因素的区别。

智力因素本身并没有积极性，它是靠非智力因素去调动、激活的。比如观察力，只要有两个眼睛，谁都具有观察能力。但是，去不去观察，会不会观察，全凭兴趣、爱好这些非智力因素去调动。一个人只有当他对某件事非常感兴趣的时候，他才会主动地、认真地去观察，从而得到他想要的满意的结果。记忆力也是这样，谁都有记忆力，谁都可以记忆许多东西，但是，只有当他兴趣非常浓厚，感到自己非常需要的时候，才会显得非常有毅力，克服一切困难，从而把该记忆牢牢地记在脑子里。感情十分丰富，想象力就会像长了翅膀，飞得很高很远。毅力非常坚韧，注意力就会非常集中。兴趣爱好越广泛，思维力就越深刻。由此可见，非智力因素是非常重要的，它在人的心理素质中起着关键作用。

有人提出一个公式：成功=智力因素×非智力因素。人的智力因素基本上是相同的，那么，成功的关键就在于非智力因素。比如，一个人对什么都不感兴趣，总是提不起精神，什么事情也懒得去做，兴趣等于零。零乘任何数都等于零，成功也就等于零。可见，一个人能否取得成功，并不完全取决于他的知识，也不完全取决于他的能力，关键在于心理素质，在于非智力因素的积极性和主动性。

家长要相信自己的孩子和所有孩子一样都是聪明的，在家庭教育中把重点放在开发孩子的非智力因素上，让孩子用自己的非智力因素去调动自己的智力因素，逐步形成积极、健康、向上的心理素质。

何为心理健康

心理健康无论对于大人还是小孩都是十分重要的。

为了自己,也为了孩子,愿每位家长都能保持健康的心理。

世界卫生组织给健康所下的正式定义是"健康是指生理、心理及社会适应三个方面全部良好的一种状况,而不仅仅是指没有生病或体质健壮"。可见,健康不仅包括人的躯体强壮,而且包括心态正常。

心理健康无论对于大人还是小孩都是十分重要的。比如身体虚弱,或者患有某些疾病,如果心态正常,能够正确对待,再加上积极锻炼,科学调养,身体就会逐渐强壮起来。而如果心理有障碍,整天萎靡不振,自己吓唬自己,即使强壮的身体也可能出毛病。再比如学习和工作,如果心理是积极向上的,不怕困难,敢于面对各种挑战,那么,取得优异成绩就有了扎实的思想基础。而如果心态不好、自卑孤僻、情感脆弱、疑神疑鬼、畏首畏尾,那是不会取得任何成果的。

对于心理健康，目前还没有一个统一的定义。不过有一点是大家公认的，那就是健康的心理，一方面能为社会所接受，另一方面能为自己带来快乐。可见，社会接受、自己快乐是健康心理的本质特征。综合多方研究成果，成年人心理健康主要表现在以下六个方面：一是积极向上，乐观大度，能较好地面对现实，适应环境；二是既有自信心，又有自知之明，能客观地看待自己；三是有社会责任感，既对个人负责，又对社会负责，具有正确的人生观和良好的人格品质；四是具有同情心和爱心，能与人融洽地相处，乐于助人，有良好的人际关系；五是不因循守旧，不甘居落后，总是不断地充实自己；六是敢于和善于挑战，既能提出建设性的意见，又能开展创造性的工作。还有人专门针对青少年的心理健康，提出以下标准：一是满意的心境；二是和谐的人际关系；三是统一的人格；四是正确的自我观念；五是个人与社会的协调一致……

上述各条基本涵盖了心理健康的方方面面，我从《教育辞典》上摘编出来，目的在于推而广之。人的生理与心理是密切联系在一起的。为了自己，也为了孩子，愿每位家长都能保持健康的心理。

父母是孩子的榜样

父母身体力行,为孩子做出了如何做人的榜样,孩子也会成为父母那样的人。

心理问题不是道德品质问题,偶尔出现的心理问题也不是心理障碍,更不是心理疾病。但是,如果这种偶尔出现的心理问题长时间得不到改变,那对孩子将是十分有害的。

孩子出现心理问题,主要原因有三个。

一、环境影响

孩子的活动场所主要在学校,学校的环境会对他们的心理产生影响,特别是师生关系以及与小朋友的交往,是引起他们心理变化的主要原因。当他们还不能适应新的环境,或者自认为老师不怎么热情,与小伙伴关系还不够融洽时,他们的心情是郁闷的,往往表现得沉默寡言,精神不振。这期间,他们的心理是矛盾的:希望受到老师的重视,但暂时还没有被老师重视;渴望结识亲密的小伙伴,而交往总是需要一个过程;企盼有一个团结友爱的集体,而这样的集体要所有的人都付出努力。有的孩子可能由于环境的影响,表现得孤僻、怀疑、焦虑、不安,有时候甚至对大人爆发无名之"火",发泄心中的郁闷。

二、学校活动

教学是学校的主要活动。此外,还有班级活动、社会活动、公益劳动、竞赛评比和各种实践等。每一个孩子都希望在这些活动中被重视、被表扬,特别是在学习上被老师肯定,被同学尊重。但是,任何实践活动都存在着成功与失败,学习成绩总是存在着差别,这是正常的。有的孩子在学校活动中一旦受到挫折,便会引发一系列的心理活动,比如,由于自信心受到伤害,产生了自卑心理;由于别的同学受到表扬,产生了嫉妒心理;由于学习活动难度的增加,对学习的态度逐渐变得敷衍、冷漠甚至厌恶;由于受到批评,而对老师产生怨恨、反感甚至对立情绪。这些心理问题虽然不一定集中在一个孩子身上,但是一旦发现后,一定要引起家长重视,引导他们走出心理的阴影。

三、家长因素

家长的情绪、态度和教育方法,也是诱发孩子出现心理问题的重要原因。姑息、迁就、袒护、溺爱,会助长孩子的娇气,依赖心理加重,遇事紧张,长此下去会变得胆怯、懦弱。简单、生硬、冷漠、粗暴,会扭曲孩子的心理,有的对父母敬而远之或惧而避之,变得唯命是从,甚至以说谎搪塞应付;有的"以牙还牙",对家长逆反、对立、顶撞,长此下去也会变得性情暴躁。有人说"老师是学生的镜子,学生是老师的影子",意思是说老师为学生树立了做人的榜样,学生就会成为老师那样的人。这句话同样适合于家长:父母身体力行,为孩子做出了如何做人的榜样,孩子也会成为父母那样的人。

父母应正确对待孩子

就家庭教育而言，父母要做到正确对待孩子、正确对待自己、正确对待他人。

培养孩子具有良好的心理素质，是家庭、学校、社会共同的任务。就家庭教育而言，父母要做到正确对待孩子、正确对待自己、正确对待他人。

正确对待孩子是因为目前家长们有许多不正确的做法，突出表现在以下四个方面：

一是溺爱。因为多数是独生子女，所以无论父母还是祖父母，相当一部分人在对待孩子的问题上，走进了爱的误区，姑息迁就、百依百顺。结果，助长了孩子的娇气和任性，有的孩子甚至变得自私狭隘、唯我独尊，一旦遇到挫折，又显得苦恼、孤独，这对于形成健全的人格是非常不利的。

二是望子成龙心切。有的父母主观设计孩子的人生，在虚荣心的驱使下，总是希望孩子出人头地、争光争气。为了达到目的，不管孩子的兴趣爱好，也不管孩子的基础如何，盲目攀比，多方加压，忽视全面教育，追求短期效应。结果，有的孩子受父母虚荣心的"感染",变得嫉妒、固执;有的孩子在父母训斥、惩罚等压力下变得顾虑重重,紧张不安。这种做法不仅对孩子的一生有害,对眼下也是无益的。

三是简单生硬。有的家长不理解孩子的心理特点和认识规律,总以为这么简单的东西怎么就懂不了?学了多少遍为什么记不住?为此常常失去耐心。有的家长认为孩子长进不大,于是产生了失望情绪,处理方式显得简单生硬;还有的家长因自己的工作任务繁重,没有更多的时间关注孩子,偶然关注时,由于缺乏连续性,也显得毛手毛脚。父母的简单生硬对孩子的成长是十分有害的,它会伤害孩子的自尊心和自信心,让孩子对什么都失去兴趣,缺乏上进心和求知欲。少数孩子还可能变得性格孤僻、不合群,稍不如意便大发脾气,很难与人相处。

四是动辄代替。这是溺爱的另一种形式,当孩子遇到困难时,不是鼓励孩子去克服困难,而是代替;当孩子遇到挫折时,不是鼓励孩子勇于挑战,而是让其放弃。就连孩子应做也能做了的事,也常常代替。这种生怕孩子"吃苦吃亏"的心态对孩子是不利的。正确的态度是应该让孩子经受挫折、经受磨炼,既体验成功的喜悦,又体验失败的痛苦,这对他们适应社会、迎接各种挑战是十分重要的。

父母需正确对待自己

父母的心理状态、言谈举止、为人处世方式，直接影响着孩子的心理发展与健康成长。

父母的心理状态、言谈举止、为人处世方式，直接影响着孩子的心理发展与健康成长。这种影响的好坏，关系到孩子的未来。马克思早就说过，"孩子的发展能力取决于父母的发展"，"为了孩子，我们的举动必须非常温和而慎重"。著名教育家克鲁普斯卡娅更是明确指出："家庭教育对父母来说，首先是自我教育。"因此，培养孩子具有良好的心理品质除了正确对待孩子，把握科学的教育方式外，还必须正确对待自己，正确对待他人。

遇事冷静、理智，善于控制感情、调节情绪、克制冲动，是一种高级的心理品质。当家庭出现矛盾、工作出现失误、孩子出现错误、个人遇到不愉快时，父母要冷静、要理智，避免出现过激的语言和失控的感情。因为不理智的行为会"污染"孩子纯洁的心灵。比如，有的父母遇事爱发脾气，对他人说长道短，稍不顺利便怨天尤人、唉声叹气，受到挫折便抑郁孤独、一蹶不振，这些表现会对孩子的性格带来负面影响，致使孩子产生病态心理。

悦纳自己是保持良好情绪的关键。所谓悦纳自己就是"贵有自知之明",既知道自己的优点,又知道自己的缺点;既不因优点而骄傲,也不因缺点而自卑。客观现实并不完全取决于主观愿望,生活中常有不尽如人意的事情发生。"各家都有一本难念的经",每个人都会遇上烦心的事。父母要以乐观的态度对待现实,善待自己,不要自己和自己过不去,更不要和孩子怄气。有人说,校长不要把情绪带到学校,老师不要把情绪带进课堂。我要说,父母不要把情绪带回家里。因为不良情绪会引发很多心理问题,如果把烦恼带回家里,就会干扰和睦、温馨的家庭气氛,严重时甚至拿孩子出气,这对孩子性格的发展是非常不利的。

作为父母,要有良好的生活习惯,比如勤奋、节俭、认真、有序,能理解、关心他人,无论对家庭还是对工作,都有高度的责任心。这些健康心理的外在表现,会对孩子产生潜移默化的影响,有利于他们从小养成良好的习惯。如果父母说话粗野、生活懒散、做事马虎、懒于学习、对他人冷漠无情、对工作不负责任、拨弄是非、邻里不和,等于把家庭变成了滋生不良习惯的温床,必然对孩子的心理产生不良的影响。所以,不要小看习惯,父母应在习惯上为孩子树立一个良好的榜样。

如何"惩戒"孩子

惩戒是手段,目的在教育。

各行各业都有自己的规矩,严重违背了规矩,超越了规范,就要受到必要的惩戒。家庭教育也同样如此,孩子犯了错误是要惩戒的。惩戒是手段,目的在教育。既然是手段,就有惩戒的艺术。惩戒的艺术是:在什么情况下惩戒以及如何惩戒。

人都会做错事、犯错误,不犯错误的人是不存在的。孩子更是这样,他们处在成长阶段,犯错误不仅是常有的,而且是正常的。可以说,人是从错误中走向成熟、走向成功的。问题在于什么情况下才应该惩戒?我主张一般错误由孩子通过自省的方式加以改正,实际上每个孩子都有这样的能力。当孩子所犯错误涉及做人应有的思想情操和道德品行时,父母就应有高度的警戒,给予必要的惩戒。比如说谎,欺骗老师、家长及他人;不经过别人同意,私自拿取他人的财物;不尊重老师、长辈,语言污秽,行为粗野;不热爱劳动,不珍惜劳动成果,攀比享受,铺张浪费;同一个错误屡教屡犯;对老师、家长的教导当面一套、背后一套,言行不一;不仅不爱护比自己小的朋友,反而以大欺小,伤害小伙伴，缺乏爱心；经不起教唆，走到了触犯法律的边缘……对于有以上行为的孩子，父母都要高度警惕，给予必要的惩戒。

　　如何惩戒是惩戒的核心，也是惩戒艺术的重点。实际上，几乎所有的家长都惩戒过自己的孩子。把这些惩戒的方式方法加以分析、归类，摒弃错误的，发扬科学的，从中会受到极大的启示。有的家长一切按自己的设计与想象要求孩子，稍不如意便惩罚，搞得孩子无所适从，畏首畏尾，没有自己的发展空间。有的家长一听孩子有了过错，便头脑发热，失去理智，不问青红皂白，不顾事情后果，疾风暴雨般地训斥、谩骂、殴打，自己出了气，却严重伤害了孩子。有的家长不理解何为惩戒，罚站、罚跪、不让吃饭、不让睡觉、不让出门，不仅没有起到惩戒作用，反而伤害了孩子的身心健康。有的家长把本来快乐、光荣的事作为惩戒内容，如罚扫地、洗碗或其他家务劳动，误导了孩子，好像犯了错误的人才劳动。这些惩罚显然是过了度，达不到惩戒的教育意义。科学的惩戒是让孩子能够接受，不产生抵触和逆反情绪，不伤害孩子的身心健康，经过惩戒知道为什么错了，教训是什么，这就达到了教育的目的。有的家长发现孩子的错误后，改变表情，以严肃的面貌出现，本身就是一种惩戒，孩子会思考错在哪里，为什么错了。有的家长在孩子犯了错误后，用说明和检讨的方式加以惩戒，也是一种好办法。通过说明情况和检讨错误，既可以交流、沟通，体现民主、平等，又不伤害孩子，起到了教育作用。有的家长在孩子犯错误后，收回不影响孩子生活与学习的承诺，这种"制裁"式的惩戒，也会促使孩子去思考，从而达到教育目的。

"听话"真的好吗?

> 未来社会不仅需要掌握大量信息的人,而且需要敢想、敢说、敢创新、敢于利用信息的人。面对信息时代的孩子,父母们应该鼓励和引导他们去获取和利用各种有益的信息,而不能封锁信息,更不能轻易扼杀了他们的不同观点。

父母都希望孩子听话,并把听话当作好孩子的标准。一般来说,这种想法也没有什么不妥,因为孩子正处在成长阶段,他们的成熟不仅需要行为上的熏陶,也需要言语上的引导。

但是,再往深处想想,"听话"这个问题还真的需要再研究。联想到以前曾经看过的一篇题为《听话是优点,太听话是缺点》的文章,越发觉得需要说说"听话"。

家长们对孩子都寄予厚望,希望孩子长大以后有所作为。为此,不少家长还为孩子精心绘制了宏伟蓝图,设计了成长流程。"可怜天下父母心",孩子苦,父母何尝不苦?但是,无论是父母们对孩子寄予的厚望,还是具体的做法,多数是家长的主观愿望,是"一厢情愿",孩子并不理解,也不认账。比如各种"兴趣班""特长班",顾名思义,是孩子发自内心的兴趣,是孩子在某方面表现出来的特长。但是眼下并非完全如此,不少家长让孩子上"兴趣班""特长班"是按照自己的愿望决定,或者是赶时髦,看见别人的孩子上什么班,便让自己的孩子也上什么班。结果矛盾出现了,孩子没兴趣,家长便埋怨孩子不听话。其实,类似"不听话"的原因不在孩子,而在家长。所以,家长应把重点放在孩子的兴趣、爱好、情感和毅力等品质的培养上,让孩子具有广泛的兴趣和爱好,他们才会主动发展。如果不尊重孩子的意愿,不从孩子的实际出发,单凭自己的主观愿望去设计和塑造孩子,是得不到好的效果的。

随着社会的进步,特别是信息传播技术的迅速发展和普及,人们获取信息的渠道越来越多。虽然孩子们选择、处理和利用信息的能力不如成年人,但他们对信息的敏感程度并不比成人低,接受信息的能力远比成人强,许多信息也许我们成年人还不知道,但是他们已经听到了或者已经有了自己的看法。父母们应该理解,这是一种非常好的现象,它说明孩子们正在紧跟着信息社会前进的步伐成长。未来社会不仅需要掌握大量信息的人,而且需要敢想、敢说、敢创新、敢于利用信息的人。面对信息时代的孩子,父母们应该鼓励和引导他们去获取和利用各种有益的信息,而不能封锁信息,更不能轻易扼杀了他们的不同观点。埋怨他们不听话,压制他们"想入非非"的童心,会使他们变得没有主见,事事依赖父母。这样做的结果是:孩子将来步入社会后的自主性、主动性、独立性都会很差,对孩子、对社会的发展都是十分不利的。

放手,让孩子学会"吃苦"

人常说:糖罐里泡不出艰辛,温室里长不成松柏。作为家长,不管干什么都要具有法律意识,遵纪守法。只有这样,才能守住幸福的家庭,为孩子树立一个良好的榜样。不管家庭如何富裕,都要坚信唯有经受困苦才能培养出不怕困难、不怕吃苦的孩子。

一位朋友给我讲述了一个真实的故事:小A是幸运的,爸爸是一家公司的经理,生意红红火火,如日中天,妈妈是这家公司的会计,自然夫贵妇荣。爷爷奶奶更把小A当作宝贝,生怕孙子受到委屈,已经是初中一年级的学生了,爷爷还是接来送去,吃饭端到嘴边,写作业坐在桌边,真是"拿在手里怕掉了,含在嘴里怕化了"。钱多了,家富了,四个大人围着一个小孩转,要什么给什么,有求必应。一次语文考试小A考了100分,父亲兴致大发,一出口便奖励1000元。小A真是泡在糖罐里,长在温室里。

然而,小A又是不幸的。爸爸那家公司因偷税、漏税被查封了,父亲因此也被拘捕审查,爷爷奶奶上了年纪,经不起突如其来的变故，也双双病倒。往日的宠爱没有了，辉煌暗淡了，小A由自豪走向了自卑，埋怨命运，自暴自弃，甚至产生了辍学的念头，整天低头走路，低声细语，像霜打了一样。

听了朋友的叙述，我的心里很不是滋味，鼻子酸酸的，在为小A担心的同时，也为他的爷爷奶奶担心。担心之余我在想：如果小A的爸爸能够遵纪守法，那该有多好；如果四个大人能够在富裕的情况下严格要求小A，让小A经受磨炼、体验艰辛，学会自立，懂得奋发，那该有多好。然而，现实是无情的，谁都必须面对现实，并通过现实学习和体味生活的艰辛。

人常说：糖罐里泡不出艰辛，温室里长不成松柏。道理很简单，不怕艰辛的品格是经过艰难与困苦磨炼出来的；松柏顶风冒霜、不惧严寒的本性是在风雪中形成的。如果没有这些先决条件，即使在温室里能栽培出松柏，放到野外，也过不了严寒的冬天。

国有国法，家有家规。作为家长，不管干什么都要具有法律意识，遵纪守法。只有这样，才能守住幸福的家庭，为孩子树立一个良好的榜样。不管家庭如何富裕，都要坚信唯有经受困苦才能培养出不怕困难、不怕吃苦的孩子。

后来打听得知，小A所在的学校领导非常负责，知其家庭变故后，老师们做了许多工作，同学们理解帮助他，一个面对现实的小A和其他同学一样学习、生活、成长着。

父母是孩子的榜样

　　父母就应该为孩子树立一个堂堂正正的做人榜样，不仅在言语上，更要紧的是在行动上告诉孩子如何学习，如何生活，如何做人。

　　三年了，一位父亲调动工作的事还没有一点眉目。为此，夫妻俩不知吵过多少架。一天夜里，他们毫不回避已经上了初中的孩子，又一次吵了起来。妻子直言不讳地说："送礼！只有送礼才能办成。"丈夫坐在一旁低头抽烟，任凭妻子如何吵闹，他好像没听见似的不吭声。孩子呢？夹在中间谁也不敢惹，一会儿看看爸爸，一会儿看看妈妈，带着稚气的脸上不时闪现着痛苦的神情。妻子急了，站起来，提高嗓门说："你倒是说话呀？三年了办不成，原因还不明白？"丈夫站起来说："要送你送！"然后走进自己的卧室。显然，他反对送礼。

　　这位父亲三年时间工作调动没有办成，自然有许多原因，送了礼是否就能办成，谁也不能妄下结论。我要说的是，这样的争论将对孩子产生什么影响。

　　"有钱能使鬼推磨"是旧社会的陈风陋习。"办事靠送礼"是社会发展进程中见不得人的一股暗流，虽然它不时沉渣泛起，但它不是我们社会的主流，这是肯定的。送礼的争论对孩子的影响是消极的，他们会想：知识是无用的，能力是次要的，只有迎合、奉承、投机取巧，才能办成事情。如果父母不靠自立自强，不靠奋发努力，而靠投机取巧，在孩子幼小、纯洁的心里就会打上依赖关系、金钱的烙印，奋斗精神、独立意识将会受到致命的冲击，甚至在他们正需要确立这种精神和意识时就已经荡然无存了。

据调查，中小学生心目中崇拜的偶像虽然各式各样，并且经常变化，但是相当一部分学生是崇拜自己的父母的。其中的原因除了亲情以外，大量的是被父母的关爱所感动，被父母期望他们成人成才所付出的无私的艰辛所感动。既然这样，父母就应该为孩子树立一个堂堂正正的做人榜样，不仅在言语上，更要紧的是在行动上告诉孩子如何学习，如何生活，如何做人。如果说的是一套，做的又是另一套，孩子虽然不敢明说，但父母的形象将会在孩子的心里大打折扣。

顺其自然不可取

花草、树木还得常常修剪，剪去那些多余的枝枝蔓蔓，花草才能更美丽，小树才能长成大树。小猫、小狗还得训练，强制它们改掉野性，才能变成人见人爱的"宠物"。植物、动物尚且不能顺其自然，任其发展，更何况人呢？

在对待孩子成长的问题上，相当一部分家长有"顺其自然"的思想。表现大致有三：一是认为孩子还小，说脏话、不礼貌、骂人等行为没关系，将来长大了，懂事了，树大自然直，因此满不在乎。极少数父母还因孩子会骂人了而开心，为孩子直呼他们或爷爷奶奶的名字而拍手叫好。二是溺爱。虽然也知道孩子的某些做法是错误的，应该批评、教育，甚至应给予必要的惩戒，但是溺爱占了上风，情感代替了理智，姑息、迁就、袒护，幻想着将来长大了，他会成为一个理想的好孩子。三是有些父母经过多方努力后，孩子进步不大，或者依然如故，因此失去了信心，对孩子不冷不热，爱理不理。孩子呢？还窝着一肚子怨气，埋怨父母不理解，埋怨父母管得严，由埋怨发展到抵触，由抵触演变为顶撞。在这种情况下，有的父母便"破罐子破摔"，撒手不管，顺其自然。

不管出于什么原因，在对待孩子教育上顺其自然是不对的。因为孩子处在成长阶段，他们的生活阅历和知识、能力有着很大的局限性，判断能力还很低，追求的目标还有很大的随意性和盲目性，兴趣、爱好很不稳定，意志、毅力还很脆弱，急切需要帮助和引导。如果顺其自然，任其发展，就会发出一个错误的信号，他们很可能把错误的认为是正确的，时间长了，形成习惯，那将是非常危险的。

我常想，花草、树木还得常常修剪，剪去那些多余的枝枝蔓蔓，花草才能更美丽，小树才能长成大树。小猫、小狗还得训练，强制它们改掉野性，才能变成人见人爱的"宠物"。植物、动物尚且不能顺其自然，任其发展，更何况人呢？

不能顺其自然并不是不讲科学、不讲规律，也不是把孩子束缚得紧紧的，把他们变成畏首畏尾、不敢说、不敢动的"小呆子"，而是说该管教的时候要严格管教，该放手的地方要给孩子充分的自由，广阔的天地。我在《给老师的建议》一书里曾提出"睁一只眼，闭一只眼"的观点。在对待孩子自然天性所表现出来的诸如活泼好动、喜欢打闹、敢想敢说、充满幻想、想入非非等，要把眼睛闭上，非常宽容，充分理解，绝不计较。而对于涉及思想、品行，对于做什么样的人，如何做人这些根本性的问题，哪怕事情再小，也要把眼睛睁得大大的，绝不含糊，从不放过，因为它关系到孩子的成长与未来。

操之过急不科学

任何事物的发展都有一个渐进的过程，人的成长同样如此。父母应切记：在教育孩子的问题上，操之过急是不科学的。

相当一部分家长在教育孩子的问题上操之过急。比如，今天指出孩子在某个方面错了，明天孩子犯了同样的错误，便不能理解，更不能原谅，似乎人的一辈子只能摔一次跤，摔了第二跤就是"不可救药"。再比如，孩子上了什么特长班、兴趣班，期望过高、要求过快，总觉得孩子长进太慢，好像几个月或者一两年就可以培养出画家、音乐家、体育冠军等。在平时学习上，操之过急的表现更为普遍，如一道题讲了一遍孩子还不懂，再问第二遍就显得不高兴，若问第三遍就可能训斥，甚至说一些伤害孩子的话。在教育孩子的问题上，操之过急，试图一口吃个大胖子是不科学的。

任何事物的发展都有一个渐进的过程，人的成长同样如此。人一生下来只会躺着，接着学会了翻身，学会了坐，学会了爬，学会了站立，最后靠着大人的帮助学会了走路。小孩子刚生下来不会说话，后来在大人的引导、鼓励下学会了说一个字、两个字，再后来学会了说一句话、两句话，最后学会了比较完整地表达自己的思想。这些都说明孩子的成长需要一个过程，谁也不能没有这个过程。其实，这个过程就是规律。孩子还不会坐，就想让他跑，是操之过急，违背了规律；孩子还只会叫"爸爸、妈妈"的时候，就想让他说出更多的话，是操之过急，也背离了规律。揠苗助长的故事大家都知道，为什么小苗不仅没有长高反而枯萎了？因为那个人性情太急，本想办好事，帮助小苗快点长大，结果好心做了蠢事，伤害了幼苗。所以，操之过急违背客观规律，是不科学的。

　　孩子在成长过程中，除了具有渐进规律外，一般还有着波浪式发展的特点。所谓波浪式，是说时高时低，时前时后，时上时下，有时甚至出现反复，或者停滞不前，这也是正常的。遇到这种情况，操之过急是无用的。要紧的是冷静地分析原因，弄清楚为什么学习退步了，为什么情绪不高涨，为什么一而再、再而三地重复一个错误。只有找到原因，才有解决的办法。如果不明原因，只知道心急火燎地训斥、谩骂甚至体罚，那只会封了孩子的心，使其不再向父母敞开。对立情绪和顶撞现象就是这样形成的。

　　父母应切记：在教育孩子的问题上，操之过急是不科学的。

人生的路要自己走

父母要告诉孩子,人生不是游戏,人生不能侥幸,人生不能靠依赖,每个人的路全靠自己走。

孩子在成长过程中,也会遇到成年人常常遇到的问题,突出表现在如何对待胜利与失败、苦与甜、靠自己还是靠别人等问题上。

有的孩子稍有成绩便沾沾自喜,忘乎所以,表现得盛气凌人、自以为是,有时甚至耍小聪明,不懂装懂,而一旦遇到失败、受到挫折,便接受不了,表现得垂头丧气、无精打采,有时候甚至怨天尤人,一蹶不振,失去信心。有的孩子从小就泡在"糖罐"里,过惯了衣食无忧的生活,吃要吃名牌,穿要穿名牌,甚至文具用品也要比名牌,爸爸妈妈比名气;而一旦有了意外,遇到困难,便适应不了,稍吃一点苦,稍受一点累,便发脾气,埋怨人,耍性子,有时甚至大哭大闹,摔东西。有的孩子过惯了衣来伸手、饭来张口的"小皇帝""小公主"生活,事事依赖大人,书包由大人背,铅笔由大人削,书皮由大人包,走路由大人带,就连吃鸡蛋时的蛋皮也由大人剥;而一旦需要独立自理的时候，又显得无所适从，"老虎吃天，无从下口"，无可奈何，只能放弃许多活动，等于放弃了许多有益于锻炼、提高自己的机会。

实际上，人生道路并不是平坦、笔直的，每个人都会遇到沟沟坎坎，甚至高山大河。问题是有的人不畏艰险，跨过了沟沟坎坎、高山大河，成了胜利者；有的人缺乏勇气，畏首畏尾，被沟沟坎坎、高山大河吓倒了，成了失败者。人生的路是公平的，对谁都一样，关键是走路的人。有一句谚语说："有心走路山成路，无心走路路成山。"可见，对于不怕困难、不畏艰险的人来说，山可以走出路；而对于害怕吃苦、害怕困难的人来说，即使是路，他也认为是山，不想前行半步。

父母要告诉孩子，人生不是游戏，人生不能侥幸，人生不能靠依赖，每个人的路全靠自己走。顺境与逆境，成功与失败，甜与苦，依靠自己与合作共事，同时存在，随时都可能发生。面对人生，就是要正视这些客观存在的事实，在成功的顺境里不骄傲，不自满；在失败的逆境里不灰心，不丧气；在甜蜜的生活中要知福，需知苦；在艰苦的生活中不怕苦，不埋怨；既要依靠自己的努力去获得成功，又要善于合作。

让孩子从小就开始认识人生、理解人生，走好人生的每一步是非常重要的。

当孩子面临"大河""高山"时

> 要告诉孩子,男女之间的交往、友谊是必要的,但它必须建立在自尊、自爱、自重的基础上。

有人说,女孩子对异性的认识可能像一条河,渡河既需要勇气,也需要智慧;男孩子对异性的认识可能像一座山,必须既有自信,又有理智,才能把握好方向,勇往直前。当孩子面临"大河""高山"时,父母应该怎么办呢?

细心观察,孩子到了小学高年级,特别是进入初中后,先是对异性有羞涩感,表现是难为情、不自然;继而对异性产生好感,表现是愿意接近,常常显示自己。这是正常的发育成长过程,说明孩子长大了,正在向着成熟迈进,父母应该高兴,并且引导孩子顺利渡过"大河",越过"高山"。

应该看到,孩子在小学、中学阶段与异性接触、交往是正常的,也是必要的,而且绝大多数是天真、纯洁、友善的。孩子与异性交往对于他们认识人生、认识社会,进而成就人生、适应社会都是十分重要的。把孩子与异性交往看成"洪水猛兽",禁止孩子与异性交往,等于在孩子的成长过程中人为地设置障碍,剥夺了他们认识人生的权利。有的家长一旦发现孩子与异性同学交往过多后，便不分青红皂白，训斥、谩骂甚至体罚。这样不仅伤害了孩子的自尊心与自信心，而且容易使孩子产生逆反情绪。如果不引起重视，不改进教育方法，后果往往是令人担忧的。

对于异性的认识，特别是异性之间如何交往，有书刊方面的文章、有别人的言传等。可如果忽视了引导，孩子受到有害的污染，很可能偏离方向，走上邪路。所以，父母既要知道男女同学之间的接触、交往、友谊是正常的、必要的，又要冷静观察、理智思考，及时地加以正确引导。

把孩子认识异性比作面临"大河""高山"，意味着这是一个十分重大的问题，父母绝对不可掉以轻心。要告诉孩子，男女之间的交往、友谊是必要的，但它必须建立在自尊、自爱、自重的基础上。一个人，只有自尊、自爱、自重，才能自强，才能受到别人的尊重，才能有所作为。人都有自尊心，都希望得到别人的尊重，但前提是自己要尊重自己。这一点，从小就要为孩子打下基础，为他（她）们的社会交往，特别是异性之间的交往立下一块鲜明而敦实的界碑。要告诉孩子，一个人什么时候做什么是非常重要的，该做的没有做会终身遗憾，不该做的而做了也会遗憾终身。小树十年成材而后成大梁，但五年把它砍了，只能做一根小椽；苹果九月收获，人们吃起来香甜可口，但六月摘了，只能是酸涩难咽。上学期间的主要任务是学习，学习知识、学习做人、学习各种各样的技能，为将来走上社会的自立、自强打下基础。如果因为与异性的交往分了心，影响了学习，就像把不成材的小树砍了，把不成熟的苹果摘了，后果是显而易见的。

如何正确指导孩子看手机

既然手机已经成了人们离不开的媒体，成了生活中不可或缺的一个重要组成部分，不让孩子看手机是不可能的，也是做不到的。

随着社会的发展，手机已经成了人们离不开的媒体，多数人睡前是在手机前度过的。通过手机，人们不仅可以享受文艺节目带来的愉悦，而且可以获取各种信息，了解国内外大事，在与手机的相伴中增长知识，拓展思路，陶冶情操。

据了解，不少家长不让孩子看手机，怕看手机影响学习，这是没有道理的。有一位同学道出了孩子们的感慨。他说："父母对我看手机严加限制，只准关在小房里学习。可是父母却坐在那里肆无忌惮地看手机。看到他微笑着看手机，我反而很难受，甚至很反感。"父母高兴，孩子为什么心里不舒服，甚至产生反感？不是孩子不爱父母，而是心理不平衡，父母的轻松与孩子的压抑形成了反差，所以孩子产生了反感。据学生们说，他们中间有的同学因看手机挨过骂，受过罚。难怪有的孩子说"手机是个祸害"，有的孩子受到责骂后说"都是手机惹的祸"。

既然手机已经成了人们离不开的媒体，成了生活中不可或缺的一个重要组成部分，不让孩子看手机是不可能的，也是做不到的。

建议家长通过以下办法解决孩子看手机与学习之间的矛盾：第一，让孩子自己制订学习、生活计划，包括每天晚上和星期六、星期日的时间安排，既要有学习的时间，又要有看手机、课外阅读、户外活动的时间，什么时候该做什么就做什么，让学习变成孩子自觉自愿的行为习惯。第二，对于小学阶段的孩子，特别是尚处在低年级的孩子，自理、自控能力都不成熟，当他们不能按照自己定的计划行事时，父母要亲切、和气地指出，让他们能够接受，并且情愿接受。切不可不分场合、不分时间，态度生硬地训斥、谩骂，更不能讽刺、挖苦，伤害了孩子的自尊心。第三，对于已经上了初中或高中的孩子，自理、自控能力都有了一定的提高，学习、活动也都有了目的性和计划性，他们常常会自主选择，自己决定做什么或不做什么。父母对他们要关心在要害处，教育在关键时，切不可没完没了，唠唠叨叨，那样做会引发他们的逆反情绪。第四，父母也要控制自己看手机的时间，利用一定的时间学习或工作，不能对孩子严、对自己宽。同时，看到好的内容或有益的信息后，要和孩子交流、沟通，利用饭后、茶余时间互相讨论，既可以对孩子加以引导，也可以从孩子那里受到启发，把看手机变成共同学习、提高的过程。

善待孩子的客人

不要以为只有大人才有客人,孩子就没有客人。其实,孩子的同学到家里来,也是客人,同样应该像对待自己的客人那样善待孩子的客人。

初中三年级学生小雷,是一个活泼、开朗的孩子,今年班干部换届选举,他被同学们推举为班长。可是最近几天,一向充满朝气的小雷变了,常常是低头不语,闷闷不乐。

一打听,才知道前不久发生的一件事使小雷陷入了困境:一天下午放学后,小雷带着五个同学回家里上网查阅一个资料(这是老师布置的,让他们六人查到并下载后第二天讲给全班同学听),一进家门,母亲看见小雷领来五个同学,便满脸的不高兴,话没有说,招呼也没有打,便去干自己的事了。一个小时后,母亲又用不耐烦的口气喊道:"小雷,吃饭了,完了还得赶快做作业。"小雷的同学知道这是在下"逐客令",于是知趣地走了。同学们走后,母亲又慎重地指出:以后不许这样做,这样会影响学习的。小雷想说明情况,但母亲阻止说:"我做的一切都是为了你好,没有错,也不会错。"

看来，小雷的苦闷是母亲的不慎造成的。孩子的同学到家里来，作为父母应热情欢迎，相待如宾。这既是一般礼貌的需要，也是孩子自尊心的需要。小雷的母亲没有这样做，因为她害怕同学互相串门影响了学习。小雷的自尊心受到了伤害，同学们怎么看？以后还敢不敢再领同学到家里来？能不能到别的同学家去？

小雷的苦闷对父母们应该有所启发：不要以为只有大人才有客人，孩子就没有客人。其实，孩子的同学到家里来，也是客人，同样应该像对待自己的客人那样善待孩子的客人。要热情、大方、诚恳、礼貌，一方面满足孩子的自尊心，让孩子感受父母的亲情，体会自己在家中的位置，增强他的自信心；另一方面为孩子树立一个为人处世的榜样，让孩子在耳濡目染中感受文明，学会礼貌待人。同学之间互相到对方家里做客，只要正常，不仅不会影响孩子的学习，而且有助于开阔孩子的视野，使孩子在交往中学习交往，在另一个环境里学到在自己家学不到的东西，这对孩子的成长是十分必要的。

鼓励孩子交朋友

缺乏朋友的童年和少年，会像小树缺乏充足的阳光和水分一样，是不能茁壮成长的。它不仅影响孩子正常的生理与心理发育，还会由于交往的障碍而给孩子带来学习上的困难。

著名心理学家马斯洛把人的需要归纳为五种：生理需要、安全需要、社会交往需要、自尊需要、自我价值实现需要。其中，社会交往就是结识朋友的过程。真诚的朋友越多，成功的机遇便越大。所以，有一首歌里唱到要"结识新朋友，不忘老朋友"，并且告诉人们"朋友多了路好走"。

处于中小学阶段的孩子最怕失去什么？如果细心观察，你会发现他们最怕失去的是小伙伴，是怕没有小伙伴和他们玩耍，是怕在班级里受到孤立。可见，鼓励孩子交朋友，在交朋友的过程中学习人际交往，既是孩子当前的心理需要，也是他们长大后进入社会的需要。

大量事实说明，正常的人际交往和良好的人际关系，可以促进人的心理正常发展。还有人总结出广交朋友的好处：增强人的心理安全感；有利于度过快乐的时光；获得与人和睦相处的经验；为人处世变得忠实宽厚；增大获取知识和能力的机会；增加批评人和被别人批评的机会；促进诚实、豁达胸怀的发展。

然而现实生活中，相当一部分孩子人际交往面狭窄，除了同（邻）桌说说话外，很少与更多的同学有真诚的交往。分析其中的原因，一方面是孩子适应环境的能力差，不知道如何交往，更不懂得如何交朋友。尤其是与老师和长辈之间存有"代沟"，胆怯、恐惧心理比较严重，不敢与大人敞开交流。另一方面，也是更重要的原因，是独生子女的心理障碍。不少独生子女在家里被大人捧着、宠着，习惯了"一人世界"，胆怯、任性、孤独、傲慢、狭隘和自私的心理交织在一起，一旦进入了一个集体，这些心理障碍就会暴露出来，显得很不适应。而缺乏朋友的童年和少年，会像小树缺乏充足的阳光和水分一样，是不能茁壮成长的。它不仅影响孩子正常的生理与心理发育，还会由于交往的障碍而给孩子带来学习上的困难。如果不予关注、不及时引导，会形成恶性循环，孩子的性格会越来越孤僻，学习越来越退步。所以，要鼓励孩子大胆交往，在交往中结识朋友，这是孩子健康成长的需要。

如何指导孩子交朋友

家长要告诉孩子：要想让别人成为自己的朋友，自己首先要成为别人的朋友。

很多父母并没有想过如何帮助孩子交朋友，好像交朋友是孩子自己的事，与大人无关。其实并不是这样，社会交往是一种能力，也需要成年人去帮助。

要让孩子学会交朋友，具有良好的社会交往心理与能力，父母首先要做出表率。在与邻里、与同事、与亲友相处中相互尊重，相互帮助，相互宽容，让孩子在潜移默化中学会交往。如果父母在与人交往中斤斤计较，为了一点鸡毛蒜皮的小事争吵不休，互不相让，当着孩子的面指责别人，埋怨别人，那也会感染孩子，使其在与小伙伴交往中缺乏宽容精神。父母对待孩子的小朋友，切记不要以貌取人，不要以考试分数为交友标准，更不要在孩子面前评论别的孩子。因为，父母对别的孩子并不了解，错误的评论会对自己的孩子产生误导。自己的孩子与小朋友出现矛盾时，父母应本着"责己严，责人宽"的原则，公平对待，妥善解决矛盾，切不可偏袒自己的孩子。如果偏袒、护短，对自己的孩子是纵容,对别的孩子是伤害,后果是害了自己的孩子。遇到这种情况,最好的办法是不理会、不介入,由孩子们自己去解决。实际上,许多小朋友今天吵了架,明天又成了好朋友,这是由孩子们纯洁的天性所决定的。

家长要告诉孩子:要想让别人成为自己的朋友,自己首先要成为别人的朋友。因此,尊重别人是广交朋友的基础。一切以自己的兴趣、爱好为依据,不符合自己的"胃口"就爱理不理,拒绝交往,只能把自己变成"孤家寡人"。"尊人者,人尊之;爱人者,人爱之",这句话正诠释了这个道理。孩子只要宽容大度,诚实待人,让别人觉得可信、可靠、可爱、可交,他就会结识到各种性格的朋友,这对孩子来说,既是一种享受,也是一种激励,更是一种资本,为他将来进入社会如何交往、如何合作奠定了坚实的基础。

人际交往归根到底是在实践中锻炼并完成的。既然这样,就可能存在着成功与失败两种可能。成功了,孩子有了知己的朋友,当然是一件好事。但是失败了,朋友冷落了,疏远了,甚至对立了,也不要心灰意冷,失去信心。要告诉孩子,这也是一种常见的现象。如果遇到这种情况,第一不要灰心,更不要丧失交往的信心,而要充满自信,坚信只要诚心交往,所有的同学都可以成为自己的朋友;第二学会反思,反思自己在交往中有什么不妥,是否伤害了对方。如果自己确实有不妥的地方,就勇敢地与对方沟通、交流,"精诚所至,金石为开",冷落的朋友还会成为亲热的伙伴。

家庭教育，父亲不应缺席

父亲对孩子的影响是母亲无法替代的，父亲男性化的个体特征，无论对男孩还是女孩，都会产生健壮、刚强的影响，父亲与孩子的亲密程度，还关系到孩子智力因素与非智力因素的开发。

前不久，我参加了一所学校举办的家庭教育报告会，细细一看，听讲的绝大多数是母亲。我带着困惑问校长："平时是否也这样？"校长说："无论是学校组织的报告会还是班级召开的家长会，或者班主任与家长的沟通、交流，多数是母亲参加，很少有父亲出现。少数家长由于工作繁忙，常常由学生的爷爷、奶奶或姥爷、姥姥代替。"联想到一本书上曾说过现在的父亲有"淡出"家庭教育的现象，于是越发觉得这种现象需要说一说：父亲不应"淡出"家庭教育。

母亲对孩子的影响是至关重要的，如果失去母爱，对孩子的健康成长将会造成严重的缺憾。但是，父亲对子女的教育同样不可或缺，如果不引起父亲们的高度重视，"淡出"了家庭教育，把孩子的事全部推给母亲，孩子的成长也会受到严重的伤害。

父亲对孩子的影响是母亲无法替代的，正像母亲对孩子的熏陶是父亲无法代替的一样。比如，父亲男性化的个体特征，无论对男孩还是女孩，都会产生健壮、刚强的影响，父亲与孩子一起参与的体力劳动或游戏活动，大运动量和强体力的运动都有助于孩子体格的发育成长。同样，父亲男性化的个体特征还表现在男性共有的气质上，如豁达、果断、坚毅、勇敢、独立和自信等，这些良好的素质是需要父亲与孩子长期接触、交流、沟通才能形成的。

一般来说，父亲的社会交往比较广泛，在观察父亲待人接物的过程中，孩子也会学习如何与人交往。有人经过细心观察，得出结论：如果父亲宽以待人，严于律己，孩子常常能与小伙伴们和谐相处；如果父亲与人相处斤斤计较，也会感染孩子，使其难以和同学们融洽地交往。

父亲与孩子的亲密程度，还关系到孩子智力因素与非智力因素的开发。通过指导学习，孩子会从父亲那里学习分析和解决问题的方法，有利于形成科学、正确、深刻、有条理的思维方式；通过共同的实践活动，孩子会从父亲那里学习动手、操作能力，有利于激发孩子的创造精神；通过家务劳动和户外活动，孩子会体验到情感、意志、毅力的重要性，有利于培养孩子的适应能力……

所以，父亲对孩子的成长关系极大，父亲绝不可以"淡出"家庭教育。

鼓励孩子多读书

  对于孩子读书，家长既要鼓励，又要指导，帮助他们选择适合的书籍，科学地安排他们的读书时间，必要时和孩子交流读书心得。

  最近，参加一个初中学生家长会，没有安排专人做专题报告，是家长们互相交流家庭教育的经验。家长们交流了许多有益的做法，也提出了不少困惑的问题。其中，一位家长谈了他对现在的孩子没有时间读书的担忧。说到激动处，他猛地站了起来，神情严肃地说道：如果不读书，即使是一个大学毕业生，也只是一个有文化的野蛮人！

  我是一直担心孩子无暇读书的。但是，听到如此掷地有声、振聋发聩的话还是第一次。因此，几天来，一直想着那位家长的神情，脑子里始终回响着那句铿锵有力的话。

  时下，中小学生阅读课外书籍是非常困难的，原因有三：一是观念的束缚。不少家长担心孩子看课外书籍多了会影响学习，不仅不鼓励孩子多看书，而且限制、阻止孩子看课外书籍，一经发现，有的没收，有的批评，闹得孩子无所适从，好像多看书是错误的。二是课业负担过重，没有时间看书看报。在学校是上课，回到家是写作业，周六、周日除了完成作业外，还要上各种兴趣班、特长班，搞得孩子精疲力竭，无精打采，无怪乎有人说"现在最苦最累的是学生"。三是可供孩子选择的书籍太少。在家里，不少家长不看书报，更没有藏书；在学校，图书馆的书报有限，借阅又不方便；在书店，多数是围绕课本的复习资料和练习册，适合于中小学生的书籍很难找到。孩子们找不到"精神食粮"，只得到网吧去找，或者到非法的书摊上去找，副作用是很明显的。

鼓励孩子多读书会不会影响孩子的学习？只要选择恰当、安排科学，不仅不会影响孩子的学习，而且有助于开阔孩子的视野，拓宽孩子的思路，丰富孩子的知识，使孩子从小养成爱看书的习惯，这对孩子的一生都是有益的。因此，父母要多读书、多看报，用实际行动去熏陶和感染孩子。同时，根据家庭经济条件，适当为孩子购置一些他们喜欢的书籍，以丰富孩子的课外阅读。对于孩子读书，家长既要鼓励，又要指导，帮助他们选择适合的书籍，科学地安排他们的读书时间，必要时和孩子交流读书心得。尤其是寒暑假，父母和孩子可以共同制定一个读书计划，这对培养他们的读书兴趣，养成良好的读书习惯，开发他们的智力因素，都是大有好处的。

父亲如何与孩子交流

> 父亲能否与孩子和谐相处，孩子能否对父亲畅所欲言，关键在父亲，尤其是父亲的思想观念。

父亲能否与孩子和谐相处，孩子能否对父亲畅所欲言，关键在父亲，尤其是父亲的思想观念。

长期以来，受"父为子纲"思想的影响，许多父亲不能平等地对待孩子，凌驾于孩子之上，总觉得孩子必须唯命是听，绝对服从。再加上不少父亲简单、急躁、爱发脾气，孩子稍不顺从便轻则训斥，重则动手，于是就产生了"鸿沟"，孩子有什么话都不敢说，做了错事更是隐藏得严严的，遇到困难，有什么愿望，也不敢轻易在父亲面前吐露。因此，父亲要与孩子真心交流，首先应从传统观念的束缚中解脱出来，确立民主、平等的父子或父女关系，才能得到孩子的信任，进而达到无话不说的地步。

理解是交流的基础。父亲要理解孩子，理解他们充满幻想，有时会提出一些很"可笑"的问题；理解他们精力充沛，敢于冒险，有时会冒冒失失把该做成的好事做成了坏事；理解他们还不会理性思考，一般是凭感性说话做事，难免有时说的话、做的事在成年人看来既可笑，又可恨；理解他们好奇心强，有时会想入非非，有时会做出一些"坏事""蠢事"；理解他们出于对父母的亲情，存有依赖心理，无论自己的事还是家里的事，都显得被动，常常需要提醒、督促；理解他们还处在成长阶段，一件事情做错了，经过批评也改正了，但是过了几天又犯了同样的错误；理解他们也有自尊心，学好、向上始终是他们的追求；理解人的发展不可能是直线上升、一帆风顺的，孩子也一样，遇到挫折，出现低谷，是一种正常现象……理解是十分重要的，只有理解，才能冷静思考、理性对待，孩子才会不仅把父亲看作长辈，而且还会当成朋友。

除了转变观念与思维方法外，与孩子交流最为行之有效的途径是主动参与，亲自接触。父亲要过问和参与孩子的学习，通过一起讨论，教给孩子分析与解决问题的方法，学会在理解的基础上记忆，克服死记硬背的现象。指导孩子学习，重要的不是内容，而是方法，是通过具体内容让孩子举一反三，掌握科学的学习方法。父亲要与孩子共同探讨一些问题，比如时事政治、电影电视、一篇好文章、一部好作品、一次有意义的活动，等等。通过讨论，一方面教给孩子如何认识和面对现实，另一方面拓宽孩子的视野、激发孩子的兴趣与爱好。在条件允许的情况下，父亲应带孩子参加一些社会公益活动，或者旅游、参观、访问以及登山、游泳等活动，通过活动，增加亲情，锻炼孩子的适应能力。父亲还应自觉、主动承担家务劳动，特别是重体力劳动，并要求和指导孩子承担力所能及的家务劳动。这样既可以使孩子觉得父亲不仅是可敬的又是可爱的，还有利于增强孩子的责任心。

孩子的潜能有多大

人的潜能是需要去激发的。小孩子也有潜能，这种潜能不是实现某种目的的能力，而是实现某种目的的愿望与追求。

所谓潜能，就是隐藏着还没有表现出来的能量。

人的潜能到底有多大呢？这让我想起了曾经看过的一篇文章。文章说，日本有一个四岁的小男孩从八层楼上掉下来，正在院里晾衣服的母亲看见后，迅急地跑过去接住了。报纸公布后，一位法国田径教练表示怀疑，并亲自到现场进行了勘察分析，发现这位母亲需以每秒钟跑9.65米的速度才能赶到相距20米的事发地，而这一速度是当时日本短跑运动员的最好成绩。然而，这位母亲只是一位瘦弱的少妇。这位法国教练深为感动，回国后，开了一家以这位日本母亲名字命名的田径俱乐部。几年后，他的一个俱乐部成员在世界田径赛中获得了冠军。有人请这位教练谈经验，他说："每个人体内都有一万台发动机，这次我打开了第一万台。"还有资料说，人在特定的环境下，往往会激起体内的一种潜能，这种能量平常是隐藏着的，是一种神秘的力量。人的能量有90%处于休眠状况，如果得到充分开发，那将是一个全新的人。

每一个人都有很大的潜能。成年人生活阅历丰富，知识积累多，再加上不断的实践与磨炼，为了实现某种目的，有时会表现出惊人的能力，这种能力在表现出来之前往往是不易被人发现的。但人又常常表现出惰性，有时候不求上进，安于现状；有时候遇到挫折与失败，又表现得心灰意冷，失去信心。所以，人的潜能是需要去激发的。

小孩子也有潜能。这种潜能不是实现某种目的的能力，而是实现某种目的的愿望与追求。仔细观察，你会发现自己的孩子有着巨大的潜能等待开发。当他做好了一件事，尤其是受到表扬时，他会显得轻松与愉悦；当他没有做好一件事，尤其是与小伙伴比赛之类的事失败了，他会显得不安与愤怒。成功时的高兴，说明他自信心十足；失败时的懊悔，说明他打心眼儿里不服输，这就是潜能，需要我们家长去发现、去激励、去开发。

做孩子潜能激发的助力者

  父母爱孩子，希望自己的孩子健康成长，有所作为。那么，父母首先要相信孩子，相信孩子具有很大的潜能，并努力去开发孩子的潜能。

父母爱孩子，希望自己的孩子健康成长，有所作为。那么，父母首先要相信孩子，相信孩子具有很大的潜能，并努力去开发孩子的潜能。

  第一，鼓励孩子具有广泛的兴趣。孩子们天性好奇，富于幻想，对于他们觉得好奇的事总是充满着美好的憧憬，有时候异想天开。父母要认识和理解孩子的特点，并鼓励他们具有广泛的兴趣。有人担心孩子的兴趣、爱好太多会分散精力，影响正常学习，因而抱着冷淡甚至压制的态度，不让孩子问这问那，整天把孩子压在书堆里，实在是错误的。我曾经回顾过我上大学、中学时的同班同学，发现凡是各方面表现突出，特别是学习成绩优秀的同学，都很有特点，有着广泛的兴趣。他们对学校和班级组织的各种活动总是积极地参与，这样不仅得到了锻炼，而且开拓了思路，从而为学习各门功课创造了条件，奠定了基础。兴趣是产生愿望的土壤，愿望是潜在的精神力量。扼杀孩子的兴趣，无疑是毁灭孩子的潜能，对孩子是十分不利的。

第二，引导孩子体验成功的喜悦。人们常说"失败是成功之母"，是说失败并不可怕，只要总结教训，积极改正，最后一定会获得成功。对于孩子来说，除了应该知道"失败是成功之母"的道理外，还应该懂得"成功也是成功之母"的内在含义。因为孩子的生活阅历简单，知识、实践、心理、能力还处于成长阶段，让他们获得成功、体验成功，从而增强自信具有特殊的意义。所以，父母要善于发现孩子的闪光点，真心实意地加以欣赏和赞扬，激发孩子进一步求新、向上的动力与勇气。研究表明：欣赏、赞扬和助威，是引发人体潜能的导火线，人的潜能也正是在欣赏、赞扬与助威中得到了充分的迸发。请记住：孩子体验成功的次数越多，自信心越强，潜能的发挥积极性也就越大。

第三，不要怕失败。人都有失败的时候，孩子更是这样，不仅失败的次数多，而且相同的失败经常反复发生。遇到这种情况，父母不要紧张、急躁，不要埋怨、训斥，更不要挖苦、打骂，而应该冷静地与孩子一起讨论失败的原因，让孩子从父母那里汲取刚强、坚毅的营养。

"言传身教",做好榜样

错了就要勇敢地承认错误,只有敢于承认错误并勇于改正错误的人,才能最终走向成功。

前不久,我参加了一所中学组织的家长咨询会,同家长们一起讨论了家庭教育中共同关心的一些热点和难点问题。

一位母亲叙述了她与女儿最近互相怄气打冷战的情况。母亲憋了一肚子气,认为关心女儿反倒错了,所以除了做好饭以外,其余不理不问。女儿呢?这几天同样气呼呼的,吃完饭就钻进自己的房间,对母亲也是不理不睬。问到原因,是由于母亲的一次批评。原来,女儿与另外五位同学申报了一个研究性学习的课题,主要是利用课外时间进行。一天女儿回家晚了,母亲出于关心,狠狠地批评了女儿一顿,任凭女儿如何解释,母亲仍然不依不饶。第二天,女儿又回家晚了,这一次还来了两个同学。这位母亲怒气未消,当着同学的面,又把女儿狠狠地训斥了一顿,并且警告"以后必须按时回家"。看来,母女冷战的责任不在女儿,而在母亲,在母亲出于好心但过于偏激的批评,尤其是第二次当着同学的面批评,严重伤害了女儿的自尊心。

我告诉这位母亲:"看来是你错了,回家后和女儿开诚布公地解释清楚,道个歉,一切误解都会烟消云散的。"母亲爽朗地笑了,脸上写满了平静、宽容、理解与自信,显示着伟大母爱的坦荡胸怀。

在教育孩子的问题上,父母有时候是会出错的。出错的原因有的是不了解情况产生的误解,有的是简单粗暴的方法导致的不当。错了怎么办?作为成年人的父母应该理智地对待,绝不能赌气、冷战、互不理睬,更不能坚持错误,以"势"压人,强迫孩子接受自己的错误做法。如果真的错了,应该及时地和孩子进行交流与沟通,心平气和地说明原因,大大方方地承认错误,并对孩子表示歉意。这样做,丝毫无损于父母的威信,相反,会使孩子觉得自己的父母更可亲、更可爱、更可敬。同时,也是用"身教"为孩子树立了一个榜样:错了就要勇敢地承认错误,只有敢于承认错误并勇于改正错误的人,才能最终走向成功。

在解决矛盾中促进学生发展

"师生关系就是教学质量",只有当孩子发自内心地崇敬他的老师的时候,接受教育就变成了一种自觉自愿的行为,老师的话他就愿意听,让做的事他就愿意完成,这就是孩子的自主性和积极性,也是教育的魅力。

学生与老师之间有时候是会出现矛盾的,这种矛盾随着学生年龄的增长会出现得越来越普遍、越来越明显。小学低年级孩子年龄小,识别能力低,一般是依附老师的,师生之间基本没有什么矛盾。到了高年级,孩子有了一定的识别与判断能力,开始表达自己的看法,师生之间偶尔会出现矛盾,但是并不十分突出与尖锐。升入中学后,随着知识的增加与交往的频繁,特别是独立意识与自尊心理的进一步增长,师生之间常常会出现矛盾。这种矛盾有的可能在短时间内消失,有的可能越发展越严重,以致形成偏见或成见,引发学生的逆反情绪,出现对立、顶撞、僵持等局面。

师生之间出现矛盾的原因是多方面的,调查表明,以下三个方面是最常见、最主要的：①学生犯了错误或有了过失，受到老师的批评，而学生并未认识到问题的严重性，对批评不服，或者认为根本就没有过失，受到批评觉得冤枉，对老师有意见；②对老师的决定、做法有看法，或者觉得过分严厉，或者认为不够公平，特别是自认为自尊心受到伤害，自身利益未能得到维护的情况下，对老师有意见；③受同学的影响，对某些老师有看法，甚至心里也有了偏见，加上难以真正地实现民主、平等的师生关系，所以也常常流露出对个别老师的不满。

师生之间出现矛盾是正常的。教师的工作就是解决矛盾，教育就是在解决矛盾中让学生得以发展。问题是当孩子与老师出现矛盾时，父母该怎么办？

细心观察会发现，孩子回家后常常说到老师，同学们之间实际上也常常议论老师。说到自己满意、赞赏的老师时，往往兴奋不已；说到自己有意见的老师时，也不会掩饰他们的不满。师生关系应该引起家长的高度关注，引导孩子与老师建立一种民主、平等、和谐的师生关系。"师生关系就是教学质量"，它从一个侧面说明了师生关系的重要性。道理很简单，只有当孩子发自内心地崇敬他的老师的时候，接受教育就变成了一种自觉自愿的行为，老师的话他就愿意听，让做的事他就愿意完成，这就是孩子的自主性和积极性，也是教育的魅力。

理解、尊重与交流

家长在处理孩子与老师的关系时必须冷静、理智、慎之又慎,既不能压制孩子,也不能伤及老师。

师生之间出现矛盾,绝大多数是由于学生具有敏感的自我意识,而多数老师处于正常工作中,并不知道情况。这一特点要求家长在处理孩子与老师的关系时必须冷静、理智、慎之又慎,既不能压制孩子,也不能伤及老师。

帮助孩子与老师建立民主、平等、和谐的师生关系需要做很多事情,其中重要的是以下三点:

第一,引导孩子理解老师。老师对自己的学生是无私的,任何一位老师对学生都寄予殷切的希望,希望学生成人成才,有所作为,并常常为此付出十二分的努力,这是老师为什么值得尊重的根本原因。仔细想想,无论是老师对孩子表现出来的爱,还是流露出来的恨,主观愿望都是期望孩子学好、向上。就像父母"恨铁不成钢"的心情一样,粗暴、简单的教育方式背后隐藏着深深的关爱。人常说"可怜天下父母心",是说孩子要理解父母。老师又何尝不是这样?"可怜天下老师心",学生也应当理解老师。老师的工作是艰辛的,每个老师面对的是一批又一批基础、个性各不相同的学生,要做好学生的工作,老师必须付出巨大的努力。正因为这样,师生情才成了人世间最崇高、最纯洁的感情,成了许多人美好的回忆和宝贵的精神财富。

第二,强调孩子尊重老师。老师是文化知识的播种人,社会文明的传承者。尊重老师,就是尊重知识、尊重文明。人应该理解"尊重他人"的意义,学会尊重别人,这是作为一个社会人必须具备的基本素质,否则,就是一个"孤家寡人",必将一事无成。学生尊重老师的另一层含义是老师付出了劳动,尊重老师,就是尊重劳动。一个人的劳动得到别人肯定,受到别人尊重时,不仅是心理上的最大满足,而且是进一步工作的动力源泉。老师被学生尊重,是老师工作的动力源泉;学生被老师尊重,是学生成长的动力源泉,学生尊重老师,实质上是尊重自己。一个聪明的人,在于知道尊重别人。因为在尊重别人的同时,自身也得到了尊重,获得了动力,所以他能够成功。

第三,鼓励孩子与老师交流。随着孩子年龄的增长,认识与判断能力也在提高,独立意识和表现欲望成了孩子们普遍的追求,这是好事,不是坏事。对此,父母要理解,要支持,而不能压制,更不能简单、粗暴地扼杀孩子们刚刚冒出来的认识事物的能力。如果发现孩子对老师有看法,应该鼓励孩子与老师交流,可以是面对面地沟通,也可以是以文字的形式与老师交流,把自己的想法大胆地说出来。相信绝大多数老师都愿意与学生交流,也能正确对待孩子的意见,并且在交流中改进工作,这样既能使自己得到提高,又能使学生得到发展。

意外的收获

父母要鼓励与支持孩子积极参加学生社团活动，让孩子在实践中锻炼成长。

我的外孙六岁时和我一起练习毛笔字，我当初的用意是培养孩子的兴趣，本没有让他当什么"书法家"的念头。几年后，发现这个孩子做事比过去认真了，特别是写作业时，坐姿、书写都非常规范，作业本非常整洁，字也写得漂亮。这一意外收获，我想是练习毛笔字的结果。用毛笔写汉字，需要精力集中、认真细心，只有认真，才能用笔均匀，字迹端正。尤其是对初学毛笔字的孩子，横竖撇捺，间架结构，只有耐心加上细心，才能有所长进。

我的孩子六岁时学打乒乓球，当初的用意也是培养孩子的兴趣，同样没有什么当"冠军"的念头。两年后，我发现这个孩子遇到事情并不紧张，也不手忙脚乱，特别是遇到困难，或者事情没有做好时，他的表现要比和他一样大的孩子"冷静"得多。这一意外收获，我想是学打乒乓球的结果。乒乓球比赛的规则是：接住了对方的球，打到对方的案面上，为成功；接不住对方的球，打不在对方的案面上，为失败。一来一往，你杀我挡，总会有成功的时候，也总有失败的可能，成功与失败经历得多了，于是对困难、对失败，也就有了一个平静的心态。虽然不能说他已经具备了应对任何挫折的能力，但这是一个良好的开端。

由此，我想到了目前方兴未艾的各种兴趣班、特长班。利用课余时间，让孩子参加他们感兴趣的活动，对于开阔他们的视野，增长他们的知识，磨炼他们的意志，激发他们的兴趣，是大有好处的。

中小学生天性爱动，精力充沛，好奇心强，趋同性强，如果把他们局限在课堂上，束缚在书堆里，那是对他们天性的不理解，长此下去，会扼杀他们的个性，早早变成没有生气的"小大人"，对孩子的长期发展是不利的。因此，凡是有条件的，应该支持他们参加一些他们感兴趣的培训活动。

由此，我还想到了学校的各种学生社团活动。不少学校由学生发起，老师指导，成立了各种各样的学生社团，利用课余时间，有的排练节目，有的研究制作，有的调查访问，有的探讨问题。通过活动，不仅锻炼了孩子们的组织能力和交往能力，而且学到了书本上学不到的东西，大大拓宽了他们的思路，培养了他们的实际动手能力。因此，父母要鼓励与支持孩子积极参加学生社团活动，让孩子在实践中锻炼成长。

受挫折是好事

当孩子受到挫折时，父母切记不要埋怨，更不要训斥，而是要交流，通过交流，让孩子学会如何面对挫折。

怕孩子受挫折，宁肯自己忍受痛苦，也不让孩子受委屈，这是所有父母的共性。其实，孩子受点挫折是好事，而不是坏事。

小孩子受挫折大体有以下三种类型：一是该做的事没有去做，或者该做好的事没有做好，因而受到老师的批评或同学的议论；二是在竞赛、评比、选拔等竞争性活动中，未能达到自己的目的，自尊心受到一定程度的伤害；三是在学习上有时处于低谷，或者有的学科成绩总是不尽如人意，导致情绪低落。仔细想想，这些都是正常的，都是人生的必然经历。任何一个人的成长都不可能是直线上升的，"心想事成""万事如意""一帆风顺""马到成功"等，只是人们的主观愿望和美好祝愿，获得成功与胜利，必须付出一定的代价，包括智慧、辛劳、汗水以及挫折与失败……

人在受到挫折或遇到失败后，一般都会反思：这件事为什么错了？今后怎么做？反思是财富，反思能前进，正如我们经常说的"吃一堑，长一智"。小孩子受到挫折后也会反思，虽然他们的反思不如成年人那样系统、全面、深刻，但是经过反思总会有所收获，这就是成长的过程。所以，当孩子受到挫折时，作为父母不要忧心忡忡，更不要打抱不平，火上浇油，找这个说理，找那个算账，而要冷静观察，理智对待，让孩子自己去反思，去解决，把处理挫折的权利交给孩子，把发展成长的机会留给孩子，这对孩子是十分有益的。

当然，孩子因为年龄小，对挫折的理解普遍比较肤浅。有时候一点小的挫折，他们会认为很大，受不了；有时候比较大的挫折，他们反而认为无所谓。另外，因为年龄小，对挫折的承受能力也相对较弱。有时候一次挫折会给他们造成难以磨灭的影响。遇到这种情况，仅靠冷静观察、理智对待是不足以解决问题的，父母必须介入，与孩子一起分析遇到了什么挫折，为什么会受到挫折，今后遇到类似的问题如何对待。通过分析，既是父母帮助孩子、认识孩子的过程，又是孩子认识他人、认识事物、认识社会的过程，亲情交流的过程就变成了孩子成长的过程。所以，当孩子受到挫折时，父母切记不要埋怨，更不要训斥，而是要交流，通过交流，让孩子学会如何面对挫折。

三句箴言需铭记

交流中,建议父母牢记三句话:一是"也许你是对的";二是"没关系,重新来";三是"我相信你能行"。

在家里,父母与孩子总是要进行沟通与交流的。交流中,建议父母牢记三句话:一是"也许你是对的";二是"没关系,重新来";三是"我相信你能行"。

当孩子犯了错误受到批评的时候,父母要允许孩子说话,耐心听他们的解释,不能不给他们说话的权利,更不能随便扣上"狡辩"的帽子。在听了他们的解释后,如果孩子说得有道理,父母要及时肯定,明确表态,不应一味坚持自己的观点。在听了他们的解释后,如果一时吃不准,父母可以对孩子说:"也许你是对的。"这个"缓冲",既有益于孩子减少心理压力,进一步反思自己;又有利于自己思考孩子的意见,以便做出正确的判断。父母与孩子常会共同学习、讨论一些问题,有的可能是课本里的,有的可能是家庭里的,有的可能是社会上的。父母有父母的观点,孩子有孩子的看法,随着年龄的增长,特别是到了中学阶段，父母的观点可能会与孩子出现分歧。不一致怎么办？如果孩子的看法明显错了，应该耐心说服，以理服人；如果一时没有把握，应该对孩子说："也许你是对的。"这个"缓冲"，既有利于培养孩子深入思考的习惯，又体现了家长的民主作风，是与孩子进一步学习和讨论问题的基础。

当孩子遇到失败，受到挫折，或者偶然出现失误的时候，父母要知道此时孩子的心情是懊丧的，最希望的是得到理解、同情、关心与支持。作为父母，千万不能埋怨、训斥，也不能麻木不仁，不理不睬，而应该豁达地对孩子说："没关系，重新来。"这句温暖的话，传达给孩子的不仅仅是安慰，更重要的是鼓励，是力量，是信心。孩子会从父母那里逐步认识到：挫折、失败并不可怕，可怕的是不去努力、不去争取。父母经常这样鼓励孩子，有利于从小培养孩子坚强的性格和拼搏的精神，对孩子的一生都是大有好处的。

当孩子遇到困难犹豫不定，或情绪不高时，需要有人激发他向上的希望，点燃他自信的火焰，父母应该对孩子说："我相信你能行。"虽然这是一句极普通的话，但是它是孩子最亲近、最信任的父母说的，孩子会从中受到鼓舞，汲取力量，增强自信，进而排除犹豫，走出低谷，充满生气地投身于学习与生活中。

兴趣是最好的老师

家长要尊重孩子的选择，培养孩子具有广泛的兴趣，并在实践中锻炼孩子的特长。

在一次研讨会上，一位发言者讲述了一个真实的故事：

小爽的初中、高中是在同一所学校度过的，六年的中学生活，每次考试都是"优秀"，在父母眼里，她是一个听话的女孩。高考时，小爽以优异的成绩被一所知名大学录取，她成了全家的骄傲。

进入大学后，学校有各种各样的学生社团组织，班里还经常开展生动有趣的课外活动。小爽傻了，听了各个学生社团的介绍，她一个社团也不敢参加，好像从来就没有听说过，觉得很生疏。看看班里的各种活动，小爽更是尴尬，除了听课、做作业，她什么也不会，没有任何特长。一学期过去了，同宿舍的伙伴们有的参加了这个社团，有的参加了那个社团，忙得不亦乐乎，而她却一个社团也不敢参加。班里组织了七八次活动，每次她都坐在后排的角落里当观众。她为难、她懊悔、她埋怨，假期回到家，第一个向父母倾吐的就是这种苦恼。诉说之后，小爽的父母也觉得非常后悔，后悔当初只关心孩子的分数，而没有意识到特长的重要。孩子的苦恼，责任在自己。听完讲述，我心里酸酸的，为小爽的苦恼难过，也为时下很多学生因课业负担过重而无暇参与自己喜欢的活动担心。

静下心来想想，我们做父母的应当从小爽的苦恼中受到启发。花季年华的中小学生原本是充满各种幻想的，好奇心强，每个人都有自己的兴趣和爱好。但是在沉重的课业负担下，在只准围着书本转的严密监督中，很多孩子成了河里的卵石，没棱没角，没有特长。有的孩子在重重压力下，小小年纪便血压升高，出现心理障碍。个别孩子不堪重负，与父母严重对立，或离家出走，或自杀身亡。这些惨痛教训告诉我们，教育要重在激励，教育要尊重个性，教育要以孩子为本。

有的学校把"合格+特长"作为培养学生的标准。合格就是坚持德智体美劳全面发展，为学生升学或就业奠定基础。特长就是尊重个性，激发兴趣，注重实践，让学生在某些方面突出、冒尖，以便更好地适应既丰富多彩又竞争激烈的社会需要。事实上，无论高等院校，还是就业单位，他们择人的标准既看整体素质，又看有无特长，特长已经成了一张绿色通行证。所以，家长要尊重孩子的选择，培养孩子具有广泛的兴趣，并在实践中锻炼孩子的特长。

以"多元智力理论"带动家庭教育

　　加德纳认为,人的智力结构包括八种:语言智力、音乐智力、逻辑或数学智力、空间智力、运动智力、人际智力、内省智力和自然观察智力。

1983年,美国心理学家霍华德·加德纳出版了《智能的结构》一书,提出了多元智力理论,并成了西方国家20世纪90年代以来教育改革的指导思想。

　　加德纳认为,人的智力结构包括八种:语言智力、音乐智力、逻辑或数学智力、空间智力、运动智力、人际智力、内省智力和自然观察智力。其特点是,第一,智力是一定文化背景和生理特性相互作用的产物,要重视环境对智力的影响。第二,八种智力是以各种形式相对独立地表现出来的,对每个人来说没有主次之分,同等重要,要重视让每一种智力都得到充分发展。第三,人的智力是有差异的,有的人在某些智力上是强项,而在另一些智力上是弱项。因而要重视智力强项,发展智力强项,并通过强项的发展带动弱项。第四,智力的发展归根到底要靠个人的主动性和积极性,要重视通过多种途径,特别是亲自参与的实践活动，在实践中发展各种智力。第五，根据不同的教育内容和教育对象，采取不同的教育方法，使人的各种智力都得到最大的发展。要突破以单一知识为主的评价思路，重视评价的多元化，促进人的个性健康发展。

智力是成功的基础。为了充分开发和培养孩子的智力，借鉴多元智力理论，在家庭教育上应重点从以下三个方面做起。

一是树立科学的人才观。所谓人才，就是德才兼备的人，有某种特长的人。应该说，每个人都可以成为人才，关键是如何理解人才，如何引导孩子成为人才。上了大学，认真努力，可以成为人才；上不了大学，敢于拼搏，同样可以成为人才。轰轰烈烈，名声遐迩，是人才；平平常常，任劳任怨，同样是人才。父母对孩子不应求全责备，如果求全责备，把孩子看得一无是处，会使孩子无所适从，从小就失去了向上的勇气和毅力。古人说："有志者事竟成。"志就是志趣、志向、志愿，鼓励孩子有志，是通向人才的桥梁。

二是创造有益于激活智力的环境。环境是一种有形无声的激活力量，对于人的智力生成与发展具有重要的促进作用，父母要重视环境对孩子的影响。孟母为什么要三次搬迁？就是要为孟子营造一个良好的成长环境。在孩子成长的环境中，家庭的影响是至关重要的。俗话说，"门里出身，自会三分"，"有其父，必有其子"，可见父母的素质关系到孩子的成长。我们反对毫无科学依据的血统论，但父母对孩子的熏陶，环境对孩子的感染都是肯定的，也是重要的。努力营造一个良好的人际环境与物质环境，无疑有利于开发和发展孩子的智力。

　　三是细心观察孩子的智力强项，大力开发孩子的智力强项。在各种智力潜能中，有的人在语言表达方面突出，而在运动技能方面薄弱；有的人在音乐能力上很有潜力，而在与人交往上却毫无办法。父母要留心孩子的智力强项，并引导孩子在强项上敢于冒尖。同时，要鼓励孩子充满自信，既然在某个方面突出，其他方面也一定可以有所作为，激励孩子以智力强项带动智力弱项。这样，不仅可以使孩子在各个方面都得到发展，而且可以使孩子在某些方面表现突出，成为一个有特长、个性鲜明的人。

家庭文化

家庭文化是一种有形无声的教育资源，每个家庭都应精心营造。

山西省太原市的杏花岭、迎泽、尖草坪、万柏林四个区，各有一所小学参加，四所学校组成一个"联合体"，承担了"学校德育与家庭教育的理论与实践研究"课题。最近一次活动，约我去参加，我听了大家的阶段研究报告，很受启发。特别是关于家庭文化的思考与研究，让我想了很多。

所谓文化，是指人类在社会历史发展过程中所创造的物质财富和精神财富的总和。虽然特指精神财富，如文学、艺术、教育、科学等，但饱含文化气息的物质财富也是文化，如食文化、酒文化、建筑文化、园林文化、服饰文化，以至于石头还有石文化，企业有企业文化，学校有校园文化，机关有机关文化……作为社会细胞的家庭，自然也应该有家庭文化。

家庭文化涉及方方面面，但以下四个方面是至关重要的：一是精神风貌。家庭成员都应有一种健康、向上、乐观、豁达的精神风貌，无论遇到什么困难与挫折，都能想得开，顶得住，过得去，懂得人世间不仅有成功与喜悦，还有失败与苦恼，处事不惊，荣辱皆忘，只有这样，才能激励家庭每一个成员各人做好各人的事情。精神风貌是人的精神支柱与追求，也是家庭文化的核心。二是人际关系。良好的人际关系是社会文明的重要标志之一，也是家庭和谐、融洽的基础。家庭每一个成员无论对他人还是对家人，都应该尊重、理解、宽容和大度，只有这样，才能保持一个愉悦的心情，做好自己的事。良好的人际关系是社会的润滑剂和工作的加油站，同样也是家庭文化的重要组成部分。三是言行举止。言行举止是人的素质的外在表现，即使在家庭中，也要十分重视个人的言行举止。文明、礼貌的言行，可以温暖人心，增进亲情；粗鲁、野蛮的言行，无疑会冷落人心，伤害感情。种瓜得瓜，种豆得豆；播种粗暴，收获野蛮；播种善良，收获文明。亲切的语言，得体的举止，实际上是在播种善良，收获文明。四是陈设布置。家庭陈设布置是家庭成员思想、情趣的反映，爱美之心，人皆有之，美观、大方、简洁、整齐，是家庭装饰的共同追求。书籍意味着知识，钟表意味着时间，书画意味着艺术，卫生意味着勤奋，服饰意味着心情，摆设意味着情趣，花草意味着爱心，精心的陈设布置能使人心情愉悦，物质化了的文化，催人奋发、向上、进取。

　　家庭文化是一种有形无声的教育资源，每个家庭都应精心营造。

"不学礼,无以立"

家庭礼貌教育一定要从内心这个根本处抓起,只有这样,内在的灵魂美与外在的礼貌美才能融为一体,使孩子成为完美的人。

礼貌是谦虚恭敬的语言和动作,它是一个人素养的自然表现,也是人际交往应共同遵守的规则。中华民族是非常注重礼仪的,素有"礼仪之邦"的美称。早在两千多年前,孔子就说过:"不学礼,无以立。"意思是说:不学会以礼待人,就无法立身做人,可见礼貌的重要性。

所有父母在外人面前都希望自己的孩子有礼貌,但是在家里却忽视礼貌的养成教育,这是不科学的,因此常常出现脱节现象:父母希望孩子有礼貌,而孩子却缺乏应有的礼貌意识,不得已,父母只好告诉孩子应该怎么说、怎么做。还有的父母觉得礼貌是做给外人看的,在家里礼貌不礼貌无所谓。孩子也认为家里都是自己人,把礼貌用语和文明行为当作"多余",看得很淡。实际上,父母是孩子的第一任老师,父母首先要教给孩子如何与人交往,孩子的礼貌言行多数是从父母那里学到的,家庭是学习礼貌举止的最好场所，一定不要小看家庭礼貌。

家庭礼貌要从小抓起，从小事做起，让孩子在实践中感悟如何做才是礼貌的，为什么要这样做，逐步养成讲究礼貌的习惯。比如，离家或回家要与家长打招呼；吃饭时要让长辈先就座；饭前要帮助家长端饭摆菜；饭后要协助家长收拾餐具；有客人来访，起立迎接，主动问候，微笑致意，客人走时要起立送别；双手递送或接受物品要起立，行走时懂得为长辈让路，坐时懂得为家长让座；坐姿要正，站立要直，走路要端庄；比自己年轻的要爱护，比自己年长的要尊重；交谈时不打断家长的话；衣着打扮要与时间、地点、身份相吻合，不追高档，不求华丽，以和谐为美，保持青春少年特有的朴素与活力……再比如，要让孩子记住和使用礼貌用语：对长辈要称呼"您"，别人帮助了自己要说"谢谢"，打扰或无意伤及了别人要说"对不起"，别人向自己致歉时要说"没关系"，与别人话别时要说"再见"。除了礼貌用语外，体态语言也是重要的礼貌标志。比如，见了人要微笑，初见长辈要鞠躬，久别的朋友相见要握手，与别人道别要招手，对演讲、演出者要鼓掌，回答问题要起立，走路时要右行……记住这些礼仪、礼节绝不是繁文缛节，而是人际交往的基本准则，也是走向社会、成就自我的重要条件。

礼貌的言行是从内心发出的，而不是表面的装潢。所以，家庭礼貌教育一定要从内心这个根本处抓起，不仅要让孩子"知其然"，还要让孩子"知其所以然"。只有这样，内在的灵魂美与外在的礼貌美才能融为一体，使孩子成为完美的人。

世界上没有完全相同的两片树叶

> 人的气质是在先天因素的基础上,通过实践活动,在后天条件的影响下形成的,并且受人的世界观、性格等因素影响,属于人的心理特征之一。

在一次家庭教育咨询会上,一位家长叙述了他的苦恼:他的孩子脾气倔强,软硬不吃,越批评越顶牛,并且性情暴躁,有一次发了火,竟然一天不吃饭。另一位家长说,他的孩子和这个孩子截然相反:胆小拘谨,不愿与人交往,稍微受到一点批评就闷闷不乐。由此,我想到了气质,也就是我们平常所说的脾气、脾性。作为家长应该懂得什么是气质,并且根据不同的气质采取不同的教育方法。

人的气质是在先天因素的基础上,通过实践活动,在后天条件的影响下形成的,并且受人的世界观、性格等因素影响,属于人的心理特征之一。

对于人的气质,很早就受到人们的关注,并得到充分研究。人的气质通常分为以下四种类型:

(一)"胆汁质",属于外倾型。其突出表现是说话直率,对事、对人热情，精力旺盛，总是积极向上，不甘落后，反应迅速，动作敏捷，情绪容易冲动，高兴的事或苦恼的事经常表现在脸上，从不遮遮掩掩。由于情绪波动较大，心情变化较快，有时显得急躁，容易动怒，粗心大意，往往没有想好的话就说，没有把握的事就做。

（二）"多血质"，属于外倾型。其突出表现是性格开朗，活泼爱动，往往说说笑笑，无忧无虑，喜欢交往，不怯生，不拘束，适应能力强，会结识很多熟人、朋友，表达能力强，对于自己的想法能清楚、形象地表达出来，情感丰富，不加掩饰，遇到不顺心的事会大吵大闹，遇到高兴的事又会忘乎所以。由于反应敏捷，动作迅速，常常做事快，但又显得匆忙、毛糙，注意力不集中，兴趣多变，交往有些肤浅。

（三）"黏液质"，属于内倾型。其突出表现是遇事冷静，为人稳重，常常表现得有条有理，心平气和，情感一般不外露，也不轻易打扰别人，做事情精力集中，不回避，不拖拉，不多说话，能不慌不忙去完成交办的事情，认准了的事总是坚持不懈，别人很难改变他的想法，注意力集中、稳定，但常常反应慢，行动迟缓。

（四）"抑郁质"，属于内倾型。其突出表现是反应敏感，做事认真，循规蹈矩，意志刚强、坚韧，做事有很强的计划性，做不到的事从不去做，也不愿意在大庭广众下表现自己，善于观察，常常能从生活小事中体会到许多深刻的道理，虽然外表温柔，但内心情感脆弱，拘束、怯生，不善交往，做事迟钝，常常喜欢一个人思考问题。

因材施教，长善救失

气质类型并无好坏之分，哪一种类型的气质都有其特有的优势，也都有劣势；哪一种气质都具有积极意义，而在另一种特定情况下可能又具有消极意义。人只有发扬其所具有的这种气质的优势，克服劣势，才可以使自己成为品德高尚、有所作为的人，而如果忽视优势，助长劣势，也可使自己成为品德低劣、一事无成的人。

气质的四种类型只是研究性的典型划分，现实生活中人的气质并不是简单地以单种形式出现的，正如俄国生物学家巴甫洛夫指出的那样：纯粹的类型极少，一般都是混合类型。也就是说，绝大多数人都是以某种气质的特点为主，并结合其他气质类型的特点出现的。"抑郁质"的人在特定的环境下也会非常活跃、开朗；"胆汁质"的人在特定的环境下也会显得孤独、悲伤。可见生活条件与环境对世界观与性格的影响。

气质类型并无好坏之分，哪一种类型的气质都有其特有的优势，也都有劣势；哪一种气质都具有积极意义，而在另一种特定情况下可能又具有消极意义。具有某种气质的人只有发扬其所具有的这种气质的优势，克服劣势，才可以使自己成为品德高尚、有所作为的人，而如果忽视优势，助长劣势，也可使自己成为品德低劣、一事无成的人。因此，只要重视教育，正确引导，什么气质类型的人都会成才，都会大有作为。

了解气质的类型，父母在教育孩子时就要在内容与方法上具有目的性和针对性。比如，"胆汁质"特点的孩子爽朗乐观、积极向上，但容易粗心急躁，应重视引导他们遵守纪律，学会约束自己，遇事不要慌乱，逐步养成稳重、冷静的习惯。"多血质"特点的孩子活泼机灵、善于交往，但容易出现不踏实、不认真的缺点，应有意识地让他们做一些需要耐心才能完成的事情，使他们懂得踏实、细心、认真的重要性。"黏液质"特点的孩子稳重、冷静、坚韧，但容易冷漠、偏激、固执，应教育他们具有广泛的兴趣，多结识朋友，多倾听别人的意见，防止自以为是。"抑郁质"特点的孩子细致、耐心，做事认真，遵守纪律，但容易怯生、多疑、孤僻，应多关怀，多鼓励，多表扬，放手让他们参与公共活动，锻炼和培养他们的勇敢精神。

同时，要教育孩子认识自己的气质特点，知道自己有什么优点，有什么缺点，做自己气质的主人。引导孩子有意识地发扬优点，努力控制和克服缺点，从而促使其健康成长，形成良好的个性。如果孩子不知道自己的优缺点，优点得不到坚持与光大，缺点得不到控制与克服，气质中的消极成分就会占上风，进而发展为不良的个人心理品质。

父母要理解孩子

作为父母要理解孩子。理解是最基本的爱,也是最高尚的爱。理解的最佳途径是换位思考。

美国学者曾经对五大洲二十多个国家十万名八岁到十四岁的儿童进行过调查,发现孩子对父母的主要要求有十条:

①孩子在场,不要吵架;②对每个孩子都要给予同样的爱,不要偏心;③任何时候都不要对孩子失信、撒谎,说话算话;④父母之间要互相谦让,互相谅解;⑤父母和孩子之间要保持亲密无间的关系;⑥孩子的朋友来家做客时,要表示欢迎;⑦对孩子提出的问题要尽量全面地予以答复;⑧在孩子的朋友面前不要讲孩子的过错;⑨注意观察和表扬孩子的优点,不要过分强调孩子的缺点;⑩对孩子的爱要稳定,不要忽冷忽热,不要动不动就发脾气。

看着孩子对父母的十条要求,我的心酸酸的。平心而论,孩子们的要求很简单,不苛刻,但是为什么会成了二十多个国家、十多万孩子的共同要求?是因为这些要求我们的父母们可以做到而没有做到。

仔细分析孩子的要求，集中在两个方面。一是希望父母为自己创造一个良好的环境，比如父母之间不要吵架，应该互相谦让，互相谅解，对孩子要亲密无间等。这些要求既是孩子出于亲情的企盼，希望父母相敬如宾，融洽和谐；又是孩子对家庭环境的渴望，憧憬着在充满亲情与温暖的环境下成长。二是希望父母能理解自己，为此提出了一些基本的要求，比如对孩子一视同仁，不要偏爱，客气地对待孩子的朋友，不在同学面前说孩子的过错，注重孩子的优点，不要过分强调缺点，不要动不动就发脾气等。这些要求既很天真平常，又很纯真朴实，它反映了孩子强烈的自尊心理。人都有自尊心，即使小孩子也有自尊心，它的强烈程度丝毫不亚于成年人。但是许多父母错误地认为孩子是自己的，在家里，面对孩子想说什么说什么，怎么解气怎么说，结果伤害了孩子的自尊心。

作为父母要理解孩子。理解是最基本的爱，也是最高尚的爱。不要以为只有成人之间需要理解，父母与孩子之间也需要理解，理解他们的快乐，理解他们的苦恼，理解他们的需要，理解他们的追求。只有理解，才能真正和孩子融为一体，所思、所想、所说、所做才能和孩子一致，从而取得好的教育效果。

理解的最佳途径是换位思考。建议家长们多站在孩子的角度思考，你就会找到孩子乐于接受的教育方法。

开展研究性学习

> 什么是研究性学习？就是让孩子运用学到的知识，采用科学的研究方法，研究和解决自己感兴趣的问题。它是一种实践活动，目的在于联系实际，激发兴趣，培养科学的思维方式和善于动手的能力。

什么是研究性学习？就是让孩子运用学到的知识，采用科学的研究方法，研究和解决自己感兴趣的问题。它是一种实践活动，目的在于联系实际，激发兴趣，培养科学的思维方式和善于动手的能力。目前，中小学校正在进行的研究性学习需要家长密切配合，只有家长的大力支持与密切配合，研究性学习才能深入进行，并收到预期的效果。

怎样指导孩子进行研究性学习呢？

第一，充分认识研究性学习的意义。研究性学习是针对学校教育存在的忽视实践活动、理论脱离实际等弊端提出来的，也是当今学校教育改革的新课题、新实践。一个人仅有书本知识是不能适应现代社会的，只有把获取的书本知识与参与的实践活动紧密结合在一起，通过研究提高思维、想象能力，通过实践提高动手、创造能力，才能使自己既有知识又有能力，才能适应竞争日益激烈的现代社会。文化课学习与参加研究性学习活动是相辅相成、互相促进的，通过研究性学习活动让孩子感悟学习的乐趣，养成良好的学习习惯和行为习惯，以提高思维、想象、创造、动手能力；通过文化课学习启发和丰富研究性学习的内容，使实践活动更科学，更合理，更富有成效。所以，家长一定要为孩子的研究性学习提供空间，创造条件，大力支持。

第二，注重激发孩子的研究兴趣。兴趣是最好的老师，兴趣是强大的动力，一个人对一件事只要有了兴趣，他就会克服一切困难去完成它。不要以为中小学生还处在学习知识的阶段，文化课的学习任务就已经很重了，没有能力和时间进行研究性学习。其实，孩子们眼里的世界是丰富多彩的，富于幻想、敢想敢做是他们的天性，只要善于引导，他们就会提出并研究解决许多成年人连想也不曾想过的问题。一个人兴趣越广泛，求新、求胜的动力就越大，家长要注重激发孩子的兴趣，并有意识地把兴趣引向研究性的实践活动。

第三，选好研究性学习活动的内容。中小学生研究性学习的内容是以近的、小的、日常生活中的现象为主，让孩子看得见，摸得着；既熟悉，又生疏（很熟悉是什么，很生疏为什么）。一位家长对孩子观察蚂蚁为什么可以找回家进行了一年观察研究，最终找出了答案。一位家长帮助孩子采集制作了一次植物标本，两年后这个孩子自己采集制作了一百多个不同类型的植物标本。生活是本巨著，社会是个大课堂，引导孩子研究身边的事，不仅可以激发他们的兴趣，提高他们的科学思维能力，而且可以锻炼他们的动手能力。

第四，注重过程，重在参与。研究性学习的目的在于激发兴趣，开发智力，增长知识，锻炼能力。有结果，成功了，自然是好事；无结果，失败了，也是一种收获，它告诉人们研究并非一件易事，只有不畏艰难、肯于钻研的人才能取得成功。作为家长，重要的不是直接参与，而是当孩子遇到困难时予以支持，遇到失败时予以鼓励，引导孩子在实践中锻炼成长。

培养孩子"身体健康十个一"

"身体健康十个一",一个宽阔的胸怀,一种规律的生活,一种合理的饮食习惯,一种最适合自己身体的锻炼方法,一种活泼、热情、开朗的合群性格,一种能调节身心的业余爱好,一种不向任何压力低头的意志,一种正确对待疾病的态度,一种对年龄的忘却,一张永远微笑的脸。

孩子的身体健康是每位家长都十分关心的。怎样才能健康?如何才算健康?《健康报》李树柯提出的"身体健康十个一"可供各位家长参考。这"十个一"是:一个宽阔的胸怀,一种规律的生活,一种合理的饮食习惯,一种最适合自己身体的锻炼方法,一种活泼、热情、开朗的合群性格,一种能调节身心的业余爱好,一种不向任何压力低头的意志,一种正确对待疾病的态度,一种对年龄的忘却,一张永远微笑的脸。这十条无论对家长还是对孩子都是十分重要的。

"十个一"看起来简单,真正要做到却是很难的。把"十个一"分解开来,无论家长还是孩子的健康都应从以下三个方面做起。

　　一是保持良好的心理状态。身体健康的一个重要方面是心态正常，心胸开阔，乐观开朗，热情大方，意志坚强，兴趣广泛，沉着冷静。良好的心态是人的精神支柱，所谓"心宽体胖""笑一笑，十年少"，都是说心健才能体健。人的精神状态很重要，工作有困难，只要精神状态好，总会有解决的办法；身体有病痛，只要精神状态好，也是战胜病痛的一个重要方面。

　　二是培养良好的饮食和生活方式。生活方式是影响人体健康的主要因素，孩子的健康首先应从人们习以为常的生活小事做起。比如合理饮食，按时就餐，不吃零食，不挑食，不暴饮暴食，不狼吞虎咽，不吸烟喝酒，保证睡眠时间，注重个人卫生，关心生存环境，适时补充水分等。这些看起来简单的小事，真正做到并不容易。尤其是孩子，他们年龄小，自我控制与约束能力差，更需要父母的关心，通过反复的提醒，使他们养成良好的习惯，保持科学的生活方式。

　　三是坚持适宜的体育活动。孩子除了参加学校的体育活动外，家庭体育活动也是必不可少的。让孩子坚持体育活动，家长首先要起到带头和榜样作用。如果自己不起床，睡懒觉，而要求孩子去活动，孩子会不服气。家庭体育活动的重点是要给孩子留有时间和空间，把脑力劳动与体育活动有机地结合起来，有劳有逸，有静有动。同时要从实际出发，因地制宜，因人而异，选择适宜的体育活动，如跑步、散步、徒手操、仰卧起坐、俯卧撑、哑铃操和立定跳远等。人的体育活动习惯是从小养成的。为了孩子，家长一定要重视家庭体育活动。

劳动最光荣，教育不可少

劳动教育的目的是让孩子认识劳动的意义，形成正确的劳动观念，培养热爱劳动的思想感情，拓展生活的技能，养成积极的生活态度，为将来的生活、工作奠定一定的基础。

劳动教育是家庭教育中的薄弱环节，许多家长把劳动与学习看成是矛盾的，担心孩子参与劳动影响了学习。还有的家长认为孩子小，做不了劳动，做不好劳动，把孩子参与劳动看成"添乱"，什么也不让参与。少数家长把劳动看成"苦事"，担心孩子"吃苦""受罪"，因而不让孩子参与劳动。据调查，相当一部分孩子在家里什么也不想干，什么也干不了，过着"衣来伸手，饭来张口"的生活。这样做是错误的，它不是爱孩子，而是害孩子。有一个孩子天资聪颖，学习优秀，考上了一所重点大学，父母寄予很大希望。然而，入学后，过惯了依赖生活的他傻眼了，衣服脏了不会洗，扣子掉了不会缝，就连自己的床铺也不会整理，每次宿舍评比总是因为他的床位问题被扣分，遭到室友的讥笑和批评。三个月后，他退学了，哭哭啼啼回到了父母身边。你看，这不是害了孩子吗？

从小对孩子抓好劳动教育是非常重要的，世界各国都把劳动教育作为一项重要内容，要求社会、家庭紧密配合。我国也明确提出了德智体美劳全面发展的方针，并在中小学把劳动技术教育列入课程，规定了具体内容，指出了要达到的目标。劳动教育的目的是让孩子认识劳动的意义，形成正确的劳动观念，培养热爱劳动的思想感情，拓展生活的技能，养成积极的生活态度，为将来的生活、工作奠定一定的基础。孩子参与劳动不仅不会影响他们的学习，还能磨炼他们的意志，拓展他们的思维，提高他们的动手能力，培养他们遵守纪律、相互合作的精神，明确应该遵循的基本道德规范，对孩子的健康成长是大有好处的。有一项调查显示，在被调查的148名杰出青年中，81.08%的人从小就经常帮助父母做家务。可见，热爱劳动是推动他们走向成功、有所作为的一个重要因素。

劳动教育重在参与，让孩子在实践中养成劳动的习惯，培养热爱劳动的感情，体验父母的辛苦，理解"劳动创造世界，劳动改进生活"的深刻含义。引导孩子参与劳动要从日常的身边小事做起。一是生活、学习的自理劳动，比如床铺的打扫、学习用品的整理、自己衣服的清洗、学习用品的购置与包装等。二是家务劳动，比如清扫房间、端饭倒茶、洗刷碗筷、购买物品、参与做饭等。三是学校集体劳动，要支持孩子认真踏实地做好值日工作、清洁卫生工作和劳动技术课安排的劳动实习，在实践中培养合作精神，学习技能技巧。四是社会公益劳动，比如改善环境和助残敬老的各种活动，在实践中培养爱心。

良好的口才是孩子步入社会的一张门票

家长一定要让自己的孩子敢说话、会说话，重视培养孩子的口头表达能力。

"良好的口才是孩子步入社会的一张门票。"

口才是指人的口头表达能力，是一个人知识、智慧、心理状态的综合表现。人的素质，特别是思想素质，大体上可以从他的说话中做出初步判断。家长千万不要轻视孩子口才的锻炼与培养，因为人际交往离不开语言，无论从事何种活动都离不开说话。事实上，孩子在学校每天都要说话，互相讨论、小组发言、回答问题、朗读课文、师生交流等活动都是通过口头语言进行的。将来进入社会后，对于口头表达能力的要求更广泛、更严格，求职应聘、会议发言、公关谈判、说服别人、宣传自己，就连日常生活、亲朋聚会、购买物品也离不开说话。事实证明，一个人口头表达能力强，在别人的赞许中会进一步增强自信；相反，如果不善于表达自己的想法，会在挫折中丧失自信。所以，家长一定要让自己的孩子敢说话、会说话，重视培养孩子的口头表达能力。

怎样培养孩子的口头表达能力？

第一，从重视思想品德做起。语言是思想的外在表现，所谓心声，就是说语言是从心底流出的声音。一个人思想光明磊落，语言必然开诚布公；思想阴暗肮脏，语言也会显得狭隘自私。有的人说得很动听，很感人，但是做起来却和说的大相径庭，被人称为"语言的巨人，行动的矮子"，这是不诚实的表现。所以，父母首先要教育孩子做一个思想光明磊落、道德品质高尚的人，想的、说的、做的完全一致，才能成为一个受尊重、受欢迎的人。

第二，创造平等对话的条件。孩子是有很多想法的，有时候他们的想法比成年人更实际、更大胆。但是，很多孩子不敢说，或者不想说。为什么？一是担心说错了挨训；二是担心说不好出丑。仔细观察，孩子与孩子之间敢说话，有时候还吵得面红耳赤，原因在于孩子之间是平等的。所以，培养孩子的口头表达能力，首先要放下父母的"架子"，平等对待孩子。孩子没有心理压力，不怕批评训斥，气氛和谐、宽松，自然就敢于畅所欲言，也就提高了自己的口头表达能力。

第三，多实践。敢说话、会说话是在不断地说话实践中形成的，没有实践，就不会有良好的口头表达能力。在家里，父母应和孩子多交流，不要仅仅局限在读书、写作业、吃饭、睡觉四件事上。交流的内容要广泛，可以询问学校有意义的活动，可以讨论一部电影或一部著作，可以议论国内外大事，可以评价饭菜质量，可以探讨社会关注的热点问题等。家长既要让孩子大胆说话，自己也要发表意见，并客气地纠正孩子在表述中的问题，让孩子在实践中敢于说话，学会说话。

人无信而不立

诚实守信无论是过去、现在还是将来，都是国际交往的准则、企业合作的信条、做人的根本。

最近读报，一篇题为《一定要洗七遍》的文章让人深思。文章说：一位在日本的留学生，利用课余时间在餐馆打工赚取学费。餐馆规定每个盘子必须水洗七遍。这位留学生起初按规定都能洗七遍，但因洗的数量太少，一天下来赚不了多少钱。后来，他找到一个"窍门"，每个盘子只洗五遍。果然，效率大增，工资自然也不菲。一起打工的日本学生求教，他爽快地告诉了他这个秘密，日本学生嘴上虽没说什么，但行动上却与他疏远了。一次老板抽查盘子，发现了问题，问他原因，他说洗五遍与七遍一样清洁。老板淡淡一笑说："你是一个不诚实的人，请离开。"以后他一连到几家餐馆应聘，都被拒绝。他的房东不久也要求他退房，原因是他的名声不好，还影响了其他留学生找工作。他就读的学校也找他谈话，希望他能转到别的学校去，原因是他影响了学校的生源。无奈，他转到了另一座城市，并告诫人们：在日本洗盘子，一定要洗七遍。

这位留学生由于不诚实，付出了沉重的代价。这件事告诉人们，做人务必诚信。

中华民族历来以诚信为本，把诚信看作做人的基础。早在两千五百多年前，伟大的思想家、教育家孔子就说过："人而无信，不知其可也。"意思是说：一个人如果不守信用，那就不知道他有什么可取的了。孔子的学生子夏对诚实守信做了具体阐述，他说："对爱人要重品德而不重容貌；侍奉父母要尽心尽力；服侍君王能达到不怕牺牲自己；和朋友交往要诚实守信。对于这样的人，虽然有人说他没有学问，我一定说他学问很深。"孔子的另一位学生曾子把诚实守信当作必修课，每天都要自我反省。他说："我每天都要多次反省自己：为别人谋划或办事尽心竭力了吗？与朋友交往是否有不讲信用的地方？老师传授的学问是否还有没演习的呢？"千百年来，炎黄子孙以诚信为荣，以欺诈为耻，不论时代如何变迁，都始终精心守护着"诚信"这棵大树，诚信是举世公认的传统美德。

"人无信而不立。"什么是不立？就是做任何事都不可能取得成功。道理很简单，一个人如果口是心非，言而无信，或者弄虚作假，欺诈撒谎，必然众叛亲离，变成孤家寡人。一个谁也不敢信任的人，怎么能够学业有成，事业有成？一个国家恪守信誉，别的国家才敢与之交往；一个企业恪守信誉，别的企业才愿与之合作；一个人恪守信誉，别人才肯接纳。所以，诚实守信无论是过去、现在还是将来，都是国际交往的准则、企业合作的信条、做人的根本。

孩子们天真、幼稚、单纯，对他们进行诚信教育主要是通过正面引导，通过讲清道理，让他们明辨是非；通过集体活动，让他们体验诚信；通过榜样熏陶，让他们受到鼓舞。要提倡和孩子说真话，做实事。受知识与阅历的局限，可能真话成了错话，实事成了错事，但这恰恰是诚实的表现。在这种情况下，切记不要否定，不要训斥，更不要惩罚，而要觉得可爱，因为这是诚实的反映。爱的本质是理解与信任，父母要理解与信任孩子，引导孩子在实践中感悟诚信的价值，养成诚信的品德。

辩证对待网络利弊

　　任何新的科学技术的出现有利也有害。互联网也不能因为它有危害的一面而被拒绝，关键在人，在使用的人如何正确利用它。

　　一对夫妇为购买电脑发生了矛盾：丈夫要买，因为电脑太重要了，离开网络简直寸步难行；妻子反对，因为孩子正在上学，担心孩子迷恋游戏影响学习。结果，还是丈夫以孩子成长这个"大局"为重，妥协了。

　　随着电脑的普及和网络的迅速发展，我们已进入了一个以信息产业为主导的知识经济时代，信息化的浪潮越涌越大，这是时代发展和社会文明的重要标志。面对这一浪潮，回避是不可能的，忧心忡忡，躲躲闪闪，只能被大浪甩上岸边，原地感叹。唯一的办法是适应发展，迎接挑战。

　　任何新的科学技术的出现有利也有害。核技术出现，可以用来核发电，也可以用作核武器；飞行器的出现，可以用来载人，也可以用作战争；汽车的出现，方便了人们行走，交通事故也接连不断；电视的出现，丰富了人们的精神生活，看的时间过长又影响了人们的休息……电脑、网络也是这样，一方面为我们提供了大量的信息，创造了交流的平台，另一方面也隐藏着许多有害垃圾，有的甚至是危及青少年身心健康的无形杀手。核技术、飞行器、汽车这些先进的科学技术，我们没有因为它有危害的一面而放弃。同样，互联网也不能因为它有危害的一面而被拒绝，关键在人，在使用的人如何正确利用它。

身处网络时代，父母要主动学习、掌握电脑知识，并能熟练操作。这样除了充分利用网络信息外，还能帮助和指导孩子正确上网，共同享受信息的快乐。如果父母在电脑上是"盲人"，一无所知，而对孩子强制压服，那是毫无用处的。同时，家长还应和孩子共同制定一个"家庭电脑使用公约"，明确规定孩子上网的时间、地点和内容等，既让孩子从网上获取知识，开阔眼界，又保证孩子能把主要精力用在学习上。

《当代家长》丛书提出一个响亮的"电脑伦理"观点，指出以应有的伦理道德用电脑、上网络，这是时代的呼唤。并列出了电脑伦理十诫，分别是：①不可使用电脑伤害他人；②不可干扰他人在电脑上工作；③不可偷看他人的档案；④不可利用电脑偷窃财务机密；⑤不可使用电脑造假；⑥不可拷贝或使用未付费的软件；⑦未经授权，不可使用他人的电脑资源；⑧不可侵占他人的智慧成果；⑨在设计程序之前，先衡量其对社会的影响；⑩使用电脑时必须表现出对他人的尊重与体谅。这十条是网络时代的基本道德，家长和孩子都应该遵守。

不要拒绝网络，因为它是拒绝不了的。关键是要用平和的心态、积极的态度、科学的方法去对待它。

滴水之恩，当涌泉相报

让孩子学会感激，父母首先要懂得感激，感激自己父母的辛勤养育，感激他人对自己的友善支持，感激社会为自己提供的发展机遇，感激孩子对自己的细小帮助。榜样是无声的老师，孩子会在耳濡目染中理解感激、学会感激。

学会感激的前提是理解感激。家长要用孩子能听懂的话讲清为什么应该感激，理解父母的辛苦，理解他人的爱心，理解社会正是在感激中才变得充满爱心、宽容和祥和。

我到美国访问时，一天早晨在旅馆附近的人行道上散步，忽听身后有急促的脚步声，心想此人步履匆匆，一定有急事，于是连忙靠边让路。行人是一位中年男子，经过我身边时客气地用美语说了声"谢谢"。我想，这是对让路的感激。晚上，到一家商店买东西，付钱后，店主人把包好的物品双手交给我，满脸微笑地连声说了两次"谢谢"。我想，这是对购买他的物品的感激。

有一天，我在一位国内曾经接待过的大学教授家里做客时，他还在上中学的儿子又倒茶，又搬凳，儿子离开时，教授很客气地对儿子说了声"谢谢"。我想，这是对儿子协助父母热情待客的感激。访问期间，我们听了不少课，有大学的，也有中学、小学的。我发现，每当学生回答了老师的问题，老师总要由衷地说声"谢谢"。我想，这是对学生劳动的尊重，也是对学生与老师配合的感激。

由此，我想到了感激，想到了我们"滴水之恩，当涌泉相报"的古训。

对别人的善意和帮助表示感激，是对别人的尊重。人与人之间，只有懂得感激，彼此感激，才会变得祥和、宽容和亲切。然而，不知感激的人大有人在。特别是在家里，不知感激父母几乎成了孩子的通病。衣来伸手，饭来张口，许多孩子无动于衷；父母忙里忙外，辛辛苦苦，不少孩子熟视无睹。在相当一部分孩子的眼里，父母对家庭的辛勤劳作，对自己的爱护关心，似乎是天经地义、理所当然的，不需要感激，因此也不懂得感激。更有甚者，有的孩子自己的事自己不做，一律推给父母；有的孩子不顾家庭条件，小小年纪就学会了比阔气、讲排场，满足不了便埋怨父母无能；有的孩子在父母遇到困难或生病时不仅不知道帮忙或侍候，还躲得远远的；有的孩子不理解父母的良苦用心，稍不顺心便赌气、顶撞、发脾气。细细想想孩子的表现，父母们应该深思，应该反省。

感激是一种品德，是对别人付出爱心的肯定与回报。知道感激的人心底是明亮、豁达的，常常以爱心回报他人与社会；不知道感激的人思想是狭隘、自私的，心里只有自己，让他对他人、对社会付出爱心是很难的。

让孩子学会感激，父母首先要懂得感激，感激自己父母的辛勤养育，感激他人对自己的友善支持，感激社会为自己提供的发展机遇，感激孩子对自己的细小帮助。榜样是无声的老师，孩子会在耳濡目染中理解感激、学会感激。

学会感激的前提是理解感激。家长要用孩子能听懂的话讲清为什么应该感激，理解父母的辛苦，理解他人的爱心，理解社会正是在感激中才变得充满爱心、宽容和祥和。

俗话说："养儿才知父母苦。"意思是说当孩子长大成人有了自己的孩子，经过养育孩子的实践，才知道父母为自己所付出的辛劳。所以，学会感激的关键是实践，凡是孩子自己的事，凡是经过努力可以做到的事，一定要让孩子自己去做，不要怕孩子吃苦，不要怕孩子受累，更不要怕孩子吃亏。经过苦与累的磨炼，孩子会知道凡事并不容易，没有付出就不会有回报。孩子体验过辛苦，才知道父母的辛苦，才知道他人对自己付出的是爱心，最终才能知道感激的价值。

跨越障碍，走出困境

所有家长都非常关心孩子的学习情况，希望孩子每次考试成绩都是优秀。

对孩子的要求、希望，要实事求是、科学适当。注意观察，善于发现孩子的心理动向。帮助孩子克服学习上遇到的困难。

所有家长都非常关心孩子的学习情况，希望孩子每次考试成绩都是优秀。但是，相当一部分孩子总会在学习上出现低潮，有时候成绩下滑，有时候精神不振，有时候甚至厌烦学习，对学习失去兴趣和信心。

什么原因使孩子走入了学习的困境？仔细分析不是孩子不努力，所有孩子都希望自己有个好成绩；不是孩子脑子笨，所有孩子都有着取得好成绩的巨大潜力。问题出在心理上，是心理障碍让孩子处于学习困境。造成孩子心理障碍主要有以下一些原因：第一，家长期望值过高，作业总想得优秀，考试总想得一百分，做不到便埋怨、训斥甚至惩罚。在家长的重压下，孩子思想负担过重，在紧张的心理状态下是不可能学好、考好的。第二，自尊心受到伤害，引发出一系列心理矛盾，从而影响了学习。比如受了批评，竞争失利，答不出老师的提问，作业经常出错，遭到同学的冷漠、讽刺或孤立等，都会引发孩子的心理变化，如果不能及时发现并加以引导，心理压力得不到释放，便会处于学习的困境。第三，确实在学习上遇到了困难，特别是随着年级的升高，学习内容难度的加大，一定会遇到一些难点。如果疑难问题持续得不到解决，就会出现紧张、不安、急躁等心理问题，以致发展到怀疑自己的智力与能力，失去学习某门或某些学科的信心。

知道了原因，帮助孩子走出学习困境也就有了办法。

一是对孩子的要求、希望，要实事求是、科学适当。父母对孩子不能没有要求，但要把握好度。要求过高，会变成一种压力，压力过大反而会影响学习；要求过低，会造成一种误导，会滋生不求上进的懒散心理。期望的度要随着孩子的年龄、状况、内容不断调整，让孩子"跳起来摘果子"，如果跳起来能摘到果子，他们就觉得学习是一种乐趣；如果反复跳起来摘不到果子，他们就会认为学习是一种痛苦。

二是注意观察，善于发现孩子的心理动向。孩子的心理既是复杂、脆弱的，又是多变的，他们的愉悦与苦恼常常会不加掩饰地显示在成人面前。父母要留心孩子的心理变化，一旦发现问题就要加以引导，把问题解决在起始阶段和萌芽状态。由于孩子的心理问题多是受到挫折、伤害引发的，他们一般不愿意向人吐露，所以通常也不必追问原因，而应以宽容、大度、理解的态度，多正面鼓励，投之以更大的亲情与温暖，让孩子从父母的信任中受到鼓舞，得到力量，坚定信心。

三是帮助孩子克服学习上遇到的困难。有条件的家长可以和孩子一起学习，随时解决他们在学习上的难点。没有条件的家长要加强与学校老师的联系，随时反映孩子遇到的困难。同时，要鼓励孩子与老师交流，弄不懂的地方及时问老师，通过解疑答难，解决孩子的难点。家长们要相信，所有的老师都希望自己的学生学习成绩优秀，他们会热情、耐心地帮助孩子渡过难关的。

做中教、做中学、做中进步

在实践中成长：学会学习的实践、生活自理的实践、与人交往的实践、经受挫折的实践和勇于探究的实践。

"学会求知，学会做事，学会共处，学会生存"，是联合国教科文组织国际 21 世纪教育委员会提出的新的教育理念。我们国家已经深刻意识到了这一点，在中小学新一轮课程改革中已把学生的实践能力确定为重要的教育目标，以适应社会发展对未来人才的要求。

对于中小学生来说，在实践中成长主要包括以下一些方面：

学会学习的实践。学生以学为主，学习本身就是一种实践活动。但是真正做到会学习，既要重视课程内容的学习，又要重视课程以外知识的学习；既要刻苦地记忆知识，又要理解消化知识，在理解的基础上记忆；既要努力获取知识，又要善于和敢于运用知识，让知识为自己的学习与生活服务；既要尊重老师，在老师的引导下学习，又能独立、自主地进行学习，把学习当作一种兴趣，一种习惯，像吃饭、睡觉一样不可缺少。

生活自理的实践。孩子总是要离开父母走向社会的，关爱孩子最有效的办法是让他们学会自己照顾自己。孩子的事一定要让孩子自己做，父母绝不代替；家务劳动一定要让孩子参与，不要担心他们做不好而失去了锻炼的机会；有关生活自理的能力，父母要有目的、有计划地安排孩子亲自去做，让他们在实践中学会自理。

与人交往的实践。社会交往的核心是与人交往，这种能力是在实践中养成的，而不是单从书本上学来的。要鼓励孩子与老师交往，在交往中学知识、学能力、学做人，通过交往学会谦虚、礼貌；要鼓励孩子与同学交往，在交往中理解互助、友谊、团结，通过交往学会宽容、谦让。总之，只有通过实践，才能增长孩子们的是非判断能力，把握交往的原则，为步入社会打下基础。

经受挫折的实践。人都会遇到挫折的，孩子也一样，他们同样会遇到各种各样的困难、失败和委屈。作为父母，一方面要认识挫折是客观存在的，它并不以人的主观意志为转移。当孩子遇到挫折时，不要惊慌失措，不要怨天尤人，而要理智分析，冷静对待，为孩子做出一个好的榜样。另一方面，根据孩子心理脆弱、承受能力差的特点，既要宽慰，又要鼓励，讲清道理，让孩子知道挫折并不可怕，它同样是宝贵的财富，从而具有经受挫折的意志与能力。

勇于探究的实践。在学校，提倡和鼓励自主学习、合作学习、研究性和探究性学习，目的在于激发学生的主动性，让学生去发现问题，并且提出解决问题的办法。父母不要把孩子死死绑在书本上，紧紧盯在分数上，而应在关注书本知识与考试成绩的同时，引导和鼓励孩子大胆想象，勇敢探索，通过一起讨论问题，一起动手制作，培养孩子勇于探究的兴趣。

树立正确的家庭教育观

观念决定思路,思路决定出路。这里的出路就是方法,是由观念产生的。

说到家庭教育,不少家长朋友关注的是具体方法。虽然方法是重要的,但比方法更重要的是观念,因为观念决定方法,正如有人说的那样:观念决定思路,思路决定出路。这里的出路就是方法,是由观念产生的。

在子女教育上家长应有多方面的观念,但最重要的是确立以下三个观念:

第一,正确的亲情观。父母与子女的亲情是由血缘决定的,这种关系不仅是个人的,更是社会的,因为无论父母还是孩子,归根到底都是社会人,人的社会属性是第一位的。所以,父母不应把孩子看作家庭财产,也不能为个人所有。有的父母出于亲情,走入爱的极端:袒护、姑息、迁就、放纵;有的父母出于亲情,误入爱的另一个极端:粗暴、简单、训斥、打骂,这都不是真正的爱,也不是应有的亲情。

正确的亲情观应该建立在民主、平等的基础上,只有这样,家庭才能和谐，父母与孩子的关系才能和谐。在和谐的环境里，父母不会因为是父母就可以对孩子不讲道理，盛气凌人；孩子也不会因为是孩子就百依百顺，没有个性。这对孩子的成长是有利的。

第二，现代人才观。所有父母都希望自己的孩子成人成才，有所作为，这是正常的。但是，人才不是父母设计出来的，而是在实践中磨炼出来的。现代社会丰富多彩，五彩缤纷，在任何岗位上都可以显示才能，有所作为。

作为父母，要把家庭教育的重点放在开发孩子的智商（观察力、注意力、思维力、想象力、记忆力）和情商（动机、兴趣、爱好、情感、意志、毅力）上，放在环境和条件的创造上，放在精神激励上，让孩子自觉自愿地去追求希望。只有主动，才会经得起挫折，从而实现理想。

第三，科学的教育观。教育的范围很广，这里的教育观主要是指家庭教育。许多父母不是专职教育工作者，但却是孩子的第一任老师，也是终身老师。因此，父母应该具有科学的教育观。

一是要关注孩子的全面发展，重视提高孩子的整体素质，包括思想品德素质、科学文化素质、身体素质、心理素质、劳动素质、审美素质以及个人特长，防止只关心文化学习而忽视了其他，更不要以考试分数代替综合素质。

二是要重视实践，在生活实践中激发孩子的兴趣，磨炼他们的意志，提高他们的动手能力，让孩子乐于学习，勤于思考，善于合作，敢于求新，而不要把孩子死死绑在书本上，变成读书的机器、分数的奴隶。

三是要重视调动孩子的积极性，让内因在成长中起主导作用，要相信，只要感兴趣，愿意参与，什么挫折孩子都能经受得住，什么困难孩子都可以克服，而不要拿许诺等外因调动孩子的积极性，更不要采取压服、强制的办法，那样只会伤害孩子。

四是要为孩子的健康成长做出榜样，以身示范，以言立教，说到做到，在不知不觉中影响、熏陶、感染孩子，而不能说一套做一套，那样不仅教育不好孩子，反而会把孩子引入歧途。榜样的力量是巨大的，父母应成为孩子生活、学习、做人、处事的榜样。

信仰是灵魂

> 父母的信仰坚定持久，会极大地影响孩子，让孩子知道应该像上一辈那样心中有梦想，做事有追求。

家长要有信仰，因为信仰是灵魂，没有信仰，便没有灵魂，这样的人生是毫无意义的。

所谓信仰就是对某个人物或某种思想、主义、主张、宗教的信服和崇敬，并作为自己的典范或者行为指南。通俗地说，信仰就是愿望、理想或者追求，它包含三个问题：期望做一件什么样的事，做一个什么样的人，最后要达到什么目的。这是所有的人都必须面对的，不管你是地位显赫的官员，还是普普通通的百姓，不管你是事业有成的名人，还是正在奋斗的平民，谁都必须回答这三个问题。

信仰是可贵的精神力量，它不仅可以激励自己努力拼搏，而且可以感染别人。父母的信仰坚定持久，会极大地影响孩子，让孩子知道应该像上一辈那样心中有梦想，做事有追求。

信仰是强大的精神支柱，不管你从事什么工作，也许结果并不理想，但是只要参与了、努力了、付出了，就是在践行自己的信仰。一个人可怕的并不是自己的信仰实现不了，而是自己根本就没有什么追求。

任何人的信仰都是从小事做起，从实事做起，从自己做起。衡量一个人的信仰主要有三个标志：第一，对自己负责。对自己负责的集中表现是做好自己的事。不管你从事什么工作，做好自己的事就是践行自己的信仰。第二，对家庭负责。对家庭负责的集中表现是知道感恩：感恩父母，知道那是自己生命的源泉；感恩爱人，知道那是自己相伴一生的知己；感恩子女，知道那是自己生命的延续；感恩清贫，知道那是自己努力拼搏的动力；感恩富裕，知道那是自己勤奋向上的基础。第三，对国家负责。对国家负责的集中表现是懂得奉献。做好自己的事就是奉献，就是爱国。

人的信仰只有有无之分，没有大小之别，切忌把信仰神秘化。一个共产党员遵守党章，勤勤恳恳做好自己的事就是为共产主义而奋斗。也许很多人看不到共产主义的实现，但是作为一个共产党员，他实现了自己的信仰。一个科学工作者兢兢业业做好自己的事，也许很多人登不到科学的顶峰，但是作为一个科学工作者，他也实践了自己的信仰。官员爱群众，做好群众的事。军人爱和平，做好保卫和平的事。医生爱患者，做好患者的事。老师爱学生，做好学生的事。农民爱土地，做好土地的事。工人爱工厂，做好工厂的事。商人爱顾客，做好顾客的事。让爱满天下，应该是全人类的追求。

立身、立业、立家

人来到世界上为着两件事：一是做人，二是做事。

为了促使人们共同生活的社会有一个稳定的秩序，所有人都必须具有促进社会和谐发展的行为准则和道德规范，也就是我们经常强调的道德行为。"小胜在于技巧，中胜在于实力，大胜在于人格。"可见，一个人的最大财富是人格，一个人的成功秘诀也是人格。

人来到世界上为着两件事：一是做人，二是做事。

做人是做事的基础，没有这个基础，或者这个基础不牢靠，什么事都是做不成的。"学历是铜牌，能力是银牌，人缘是金牌，思维是王牌。"可见做人的重要性，人格如金。

有人提倡要从立身、立业、立家三个方面加强人格修养，抓住了做人的重点。所谓立身，就是做人，古人留下了许多关于做人的箴言，"三分做事，七分做人""先做人，后做事"。孔老夫子说得更深刻："子欲为人，先为人圣"，告诉我们要想做好事，先从做个好人开始。好人是什么样子？堂堂正正，昂首挺胸，大写的人，站得住的人。要想站得住，一是要有坚定的政治立场。立场站得稳，基础才牢靠。立场不稳，地动山摇。政治立场的集中表现是坚定不移地执行党的方针政策，坚定不移地坚持中国特色社会主义道路，任何时候、任何情况下都与祖国共命运、同呼吸。二是要有良好的思想意识。良好思想意识的集中表现是想问题、做事情总是顾及别人，设身处地为别人着想。这样的人坦坦荡荡，光明磊落。三是要有优秀的道德品行。道德品行的核心是善，就是与人为善，与社会为善，乐于助人，乐于奉献，不求回报。这种人胸怀坦荡，宽容大度，他们既享受着物质财富的滋养，又享受着精神财富的温暖，因为幸福与道德是紧紧连在一起的。四是要有一定的能力技巧。一个人既要有知识，又要有能力，缺一不可。不要满足于学历，更不要把学历当作包袱，因为学历并不代表能力。所谓立业，就是做事，就是把自己的事做到底，做精致，做出成果来。人与人之间做的事只有分工不同，没有贵贱高低之分，认准了，做下去，终归会有回报。眼高手低，见异思迁，三天打鱼，两天晒网，结果什么也得不到。任何人的成功不是赢在起点，而是赢在转折点。人们说的运气，实际就是机会，抓住了机会，就是有了好的命运。好命运是从哪里来的？从好心情、好观念、好脾气、好行为、好关系中来，究其根本还是从做人中来的。所谓立家，就是组织家庭。古语说"欲齐其家，先修其身"，还是先从做人开始。如何经营好一个家庭，我们可以说很多，但是最重要的是夫妻之间要互敬互爱，同心同德，互帮互助，荣辱与共。

母亲是家里的根

　　母亲的特殊地位决定了她在家庭文化建设中的特殊作用。作为母亲,她对子女的一生负有教育的责任。作为家庭主妇,她是家庭的维系者,是家庭成员情感的纽带和轴心。

母亲是家里的根,有妈才有家,没有妈那只是一个屋,一个供人居住的房子。有妈在,这个家便是健全的、祥和的,家里人才会觉得踏实、温暖。富裕也好,贫困也罢,只要有妈,这个家就散不了,并且充满着希望。

　　母亲的特殊地位决定了她在家庭文化建设中的特殊作用。作为母亲,她对子女的一生负有教育的责任。作为家庭主妇,她是家庭的维系者,是家庭成员情感的纽带和轴心。

　　如何尽到母亲的责任,当好家庭的主妇?最根本的就是加强个人整体修养,让母亲成为家里不可或缺的主角。我们可以向母亲们提出很多建议,但是最重要的是以下五点:

　　第一,全面关注家庭文化建设,不可因事小而忽视。比如衣着打扮、邻里关系、站立、坐姿、对话、就餐礼仪等,看起来是小事，但正是这些小事反映了一个家庭的文化，折射出家长的素质。尤其是在孩子的成长上，不仅要关注他们对知识的学习情况，更要关心他们的道德品质修养。有人总结出培养孩子健全人格的四个可供参考重点：在年龄上，小学阶段最重要；在教育内容上，品德与行为习惯最重要；在教育方法上，正面鼓励，榜样引领，善于交流最重要；在教育环境上，和谐民主的气氛，父母亲的榜样作用最重要。切记："才能不合格不一定是上品，而人品不合格一定是危险品。"

第二，以身作则，让孩子成为什么样的人，母亲应该首先成为这样的人。"喊破嗓子，不如做出样子"即说明了身教的重要性。

第三，只说一遍好。无论什么事，或者什么人，特别是批评、警告时，只说一遍，不啰嗦，不唠叨。翻来覆去唠叨只会让人逆反。

第四，要宽严有度，收放自如。不论母亲从事什么工作，在家里都是主妇。主妇主什么？既主全家兴旺发达的事，也主家里日常生活柴米油盐的事。正因为这样，该宽则宽，该严则严，该放则放，该收则收。这是一种艺术，也是一种胸怀。

第五，要特别重视家风建设。家风的核心是所有家庭成员的人格素质。人格素质的核心是政治品质和道德品行。比如尊重人，是一种修养；欣赏人，是一种境界；关心人，是一种品德；帮助人，是一种快乐；善待人，是一种胸怀；理解人，是一种涵养。这些都是家风，家风好，人们才会幸福。

父亲是家里的梁

　　无论母亲是根,还是父亲是梁,都是责任,是以信仰为宗旨营造一个幸福的家。

　　如果说母亲是家里的根,那么父亲就是家里的梁,是支撑一个家庭不可或缺的顶天立地的梁。父爱如山,因为他阳刚。母爱如水,因为她温柔。

　　父亲既然把孩子带到了这个世界,就应该成为孩子们生命中不可缺失的角色,这个角色被赋予很多责任——养育孩子,教育孩子,给他们阳刚之气的爱、充满智慧的爱。有人受传统观念影响,或多或少有着大男子主义,对吃喝拉撒、柴米油盐、迎来送往、照顾父母、邻里关系、服饰打扮、家具陈设等这些所谓的小事不屑一顾,岂不知只有这些所谓的小事处理好了才能营造一个和谐的家。尤其在孩子的教育上,父亲是万万不可缺失的。父亲和母亲对孩子拥有同样的权力,也负有同样的责任。再好的母亲也代替不了父亲。在人格的培养上,学校代替不了家庭,母亲代替不了父亲。

　　无论母亲是根,还是父亲是梁,都是责任,是以信仰为宗旨营造一个幸福的家。

　　幸福的家庭是和谐温馨的。和谐主要指人际关系，包括家庭成员之间、邻里之间、同学朋友之间，以及与所有接触的不相识的人之间，都能保持和谐友善的人际关系。

　　有了和谐为基础，温馨才会变得可能。人际关系如何才能和谐友善？互相理解，互相尊重，互相帮助，互相信任。幸福的家庭是文明友善的。文明是现代社会高度发达的文化成果，是一个人有教养、有礼貌、不粗野、不欺诈的表现。家庭成员从言谈举止到交往做事，都落落大方，谦恭有礼，不卑不亢，不骄不躁，既遵循了中华民族的传统美德，又体现了现代社会的文明规则。幸福的家庭是积极向上的。家庭成员无论是在上学的孩子，还是正值中年的父母，抑或是颐养天年的长辈，精神状态都是积极向上，有所追求，各人都有各人的梦想。他们知道学习的重要性，把读书学习当作一种精神需求，在读书中净化心灵，增长知识。他们知道一家人有时也会磕磕碰碰，但是风雨过后便一片晴朗。良好的人际关系始终让这个家庭阳光四射。幸福的家庭是乐于付出的。因为他们知道家是国的家，国是家的国，有国才有家。他们也知道人世间最珍贵的是互相帮助与信任，愿意坚守着主动付出的美德。

家和才能万事兴

家庭和睦，再穷也能发家；家庭不和，再富也会散伙。

人人都有家，但是对于家是什么却很少有人去认真思考。那么，家是什么呢？一则微信做了比较完整的解释。

因为决定家庭走向的关键是家庭主要成员——夫妻，所以需要先弄清楚什么是夫妻。什么是夫妻？"相爱一辈子，争吵一辈子，忍耐一辈子，这就是夫妻。"什么是家？"家是夫妻共同经营的、编织着梦想和苦辣酸甜的窝。家要讲爱，不可讲理。家要安静，不可争吵。家要清洁，不可凌乱。家要真诚，不可虚伪。家要自由，不可强制。家要温存，不可冷漠。家要关心、体贴、理解、包容、忍让……"尽管作者对什么是夫妻已经做了精辟解释，但是仍然觉得需要再做强调。所以作者再一次强调夫妻同心同德的重要性："夫妻是两个半球，半个球无法滚动，要有另一半才能滚动。夫妻好比两条腿，要站稳，要走路，谁也离不开谁。"说得多好！足够我们每个人品味一辈子，牢记一辈子。

"家和万事兴"是所有人都熟悉的，也是所有人都期盼的。

但是，如何才能让家"和"起来？这取决于家庭成员，特别是这个家庭主要成员的自身修养。家庭和睦，再穷也能发家；家庭不和，再富也会散伙。可见"家和"的重要性。家和的秘诀是什么？很简单，两个字，包容，是人与人之间的互相理解、尊重与宽容。

一则微信对包容做了十分精准的解释："包容不是委曲求全，不是一直让步，而是大度，理解人的难处，体谅人的苦衷，记住人的好处，忘记人的错误。包容不是无底线的纵容，不是没有原则的忍让，而是站在别人的立场上去思考，对的赞同，好的肯定，难的帮助，痛的抚平。包容见证一个人的修养，既能承认别人的优点，又能反省自己的不足。包容是能用一颗宽容大度的心，容别人所不容。用一颗热情的心，忍别人所不忍。"作者最后说："包容别人，就是放过自己。体谅别人，就是帮助自己。包容是一种境界，心宽似海。包容是一份真情，实实在在。人生不易，请多珍惜，调整好自己的心态，用包容化解是非，用包容驱赶抱怨。"现实生活中正是这样，许多夫妻也都是这样走过来的。一对老年夫妻吵嘴时，丈夫总是让着妻子，妻子问他为什么这样做？丈夫说："因为我怕吵赢了嘴，却输掉了感情。丢了你，就输了我人生的全部。"这就是夫妻之间应有的涵养，即互谅互让，彼此尊重，有爱才有幸福。

婆媳之道：难得糊涂

婆媳之道，难得糊涂，倘若婆媳双方都不糊涂、不妥协、不让步，这个家庭便永无宁日。

有人说婆媳关系是一个几千年来都说不清的问题，因为婆媳之间是水与火的关系。还有人说婆婆是媳妇的天敌，媳妇是婆婆的克星，关系好的是少数，是偶然，关系不和的是多数，是必然。婆媳关系关乎整个家庭的和谐，处理好婆媳关系是每一个已经做了婆婆和媳妇的人都应该引起重视的。

婆媳如何相处？我们先从婆婆说起，因为婆婆身为人母，婆媳关系好不好，婆婆是关键。婆婆应该如何对待媳妇，最重要的是做到以下四点：一是更新观念，摆对位置。作为婆婆，应该知道自己既是婆婆，也是妈妈，爱自己的儿子，就要爱儿子的媳妇，因为他们已经结合成了一体，你对媳妇的爱，也是对儿子的爱。二是要以诚相待，切忌猜疑。"人际交往的天敌是猜疑，解决的办法是真诚。"不要猜测，不要怀疑，真诚地对待媳妇，你所得到的回报必然也是真诚，因为真诚是可以感染人的。三是宽容大度，难得糊涂。一般来说，婆媳之间的矛盾并不是原则性的，常常是一些生活琐事，最多是一些认识上的不同。既然这样，就没有必要分个谁对谁错。作为婆婆要大度，要憨厚，要宽容，要睁一只眼闭一只眼，有时候甚至两只眼全闭起来，全然不去理会那些鸡毛蒜皮的小事，糊涂一点好。四是互相适应，和而不同。婆婆一定不要把自己的生活习惯或者做事风格强加给媳妇，更不要介入儿子与媳妇之间的纠纷，他们的矛盾由他们自己去解决。

接下来再说媳妇。一是要转换身份，原先是姑娘，现在成了媳妇。原先可以在家撒娇，现在需要谨言慎行。身份变了，说话做事就得变。转换身份就是要知道自己是人家儿子的媳妇，尽量按婆婆家的家风家规行事。只有这样，才能适应新环境，构建和谐的婆媳关系。二是真心关心自己的丈夫，因为这是婆婆最在意的。婆婆在意的并非年轻人的卿卿我我，而是生活上的悉心照料，做事上的全力配合，遭遇挫折时的淡定支持，对丈夫的知冷知热。三是懂得感恩，敬畏公婆。感恩公婆生养并送给了自己一个心仪的丈夫，敬重他们的伟大，敬畏他们的尊严。四是说话做事要顺着婆婆。家里多是生活琐事，没有必要争个谁是谁非。顺着婆婆就是该忍让时就忍让，该妥协时就妥协。婆媳之道，难得糊涂，倘若婆媳双方都不糊涂、不妥协、不让步，这个家庭便永无宁日。

发扬邻里相处的文化传统

为人处世需要厚道、善良、守信、宽容、诚实、谦虚、正直、坚持。

五家为邻,五邻为里,邻里相恤,在我国有着悠久而厚重的文化传统。"昔孟母,择邻处"告诉我们选择邻居的重要性,母亲为了孩子健康成长,宁肯舍弃原先住地,也要选择一个适合孩子成长的好邻里。南北朝时期,一个名叫宋季雅的官员被罢官后,仰慕吕僧珍的名声,特地买了吕宅旁边的一幢房子与吕为邻。吕问宋多少钱买的房子,宋答"1100金"。吕听后大惊道:"为何如此之贵?"宋季雅笑着回答说:"我用100金买的房子,用1000金买的邻居。"这就是久传后世的"千金买邻"的典故。清代文华殿大学士张英在京居官期间,家人修治府邸,因为地界不清,与邻居吴家发生争执,告到了官府,因为双方都是高官望族,县令不敢贸然断决,于是家人修书一封送往京城,张英看过家书得知原委后赋诗一首曰"千里修书只为墙,让他三尺又何妨。万里长城今犹在,不见当年秦始皇"。两家人在这封家书的感召下,化争执为和谐,各让三尺,共六尺,这就是广为流传的

"六尺巷"的故事,成了邻里间正确处理矛盾的典范。这些邻里相处的故事反映了中华民族是一个极具睿智的民族,有着厚重的邻里相处的文化传统,我们应该继承下来,发扬光大。

一篇题为《富贵人的八大特征,你占了几个》的微信,列出了为人处世需要厚道、善良、守信、宽容、诚实、谦虚、正直、坚持。这八大特征说的是做人,也就是会与人相处。

微信的发布者最后告诉各位家长:选择厚道,不是笨拙,而是厚德能载物,助人能快乐。选择善良,不是软弱,而是善良乃本性,做人不能恶,恶人必遭报应。选择忍让,不是退缩,而是忍一忍风平浪静,让一让海阔天空。选择宽容,不是怯懦,而是宽容乃美德,美德没有错。选择糊涂,不是真糊涂,而是对误解、委屈和不平等对待能大度应对,不愿计较,笑看世态。选择真诚,是有话直说,因为违心奉承是应付,忠言逆耳是责任。选择宽恕,不是没有原则,而是得饶人处且饶人。重情重义,不是固执,而是与朋友相处的时光是美好的,不愿意割舍那份难得的缘分和情谊。这些,都是邻里相处的肺腑之言。

构建高尚的"天然熔炉"

家风好的家庭其实就是一所学校，一座陶冶孩子道德情操的"天然熔炉"，让一代又一代的人在耳濡目染、潜移默化中健康成长。

家风是一个家庭在较长的时间里所形成的风尚。中国人是很重视家风的，结亲戚、交朋友，以及日常交往，对于家风都要仔细审视一番，无论什么人家，都十分讲究家风，正如"富有富的规矩"，"穷有穷的尊严"。为了有一个好的家风，多数家庭都有自己的家规、家训，有的以文字形式流传至今，包括专门著作、名言警句、门楣匾额等，有的虽然没有文字，但是家族成员世世代代熟记于心，不敢忘怀。家风的重要性正如习近平总书记指出的那样："无论时代如何变化，无论经济社会如何发展……努力使千千万万个家庭成为国家发展、民族进步、社会和谐的重要基点。"

社会学家说家风是"家庭文化"，心理学家说家风是"精神面貌"，这些说法都对。因为家风是家里所有成员在生活习惯、思维方式、价值观念、言行举止、文化素养、道德情操、人际交往方面的具体表现。家风好的家庭其实就是一所学校，一座陶冶孩子道德情操的"天然熔炉",让一代又一代的人在耳濡目染、潜移默化中健康成长。

父母永远是孩子的榜样,好的家风是家长以身作则的结果。家长在家风建设上要做道德专家,为孩子做出榜样,引导孩子独立成长,切不可溺爱,因为温室里长不出参天大树,唯有坚持锻炼,经受摔打,方可成人成才。

习近平总书记在第一届全国文明家庭表彰大会上给全国人民提出三点希望:第一,希望大家注重家庭。他说"家庭是社会的细胞。家庭和睦则社会安定,家庭幸福则社会祥和,家庭文明则社会文明。历史和现实告诉我们,家庭的前途命运同国家和民族的前途命运紧密相连。我们要认识到,千家万户都好,国家才能好,民族才能好。国家富强,民族复兴,人民幸福,不是抽象的,最终要体现在千千万万个家庭都幸福美满上,体现在亿万人民生活不断改善上。同时,我们还要认识到,国家好,民族好,家庭才能好"。第二,希望大家注重家教。他说"家庭是人生的第一个课堂,父母是孩子的第一任老师。孩子们从牙牙学语起就开始接受家教,有什么样的家教,就有什么样的人"。"广大家庭都要重言传、重身教,教知识、育品德,身体力行、耳濡目染,帮助孩子扣好人生的第一粒扣子,迈好人生的第一个台阶……"第三,希望大家注重家风。他说"家庭不只是人们身体的住处,更是人们心灵的归宿。家风好,就能家道兴盛、和顺美满;家风差,难免殃及子孙、贻害社会"。上述三点正是我们构建良好家风的方向。

家里也要讲究礼仪

我们应该根据社会的发展与进步,继承优秀的礼仪传统,这对于协调和谐的人际关系,塑造文明的社会风尚,搞好社会主义精神文明建设都具有重大意义。

礼仪是礼节的仪式,是崇敬、尊重、悲哀的表现形式。广义上说,也包括待人接物、言行举止的文明表现。家里也要讲究礼仪,因为礼仪是从小养成的,是从家庭开始的。

一位获得诺贝尔奖的科学家说,他的礼貌习惯是从幼儿园学到的。他说:"在那里,我学到了令我终身受益的东西,比如有了好东西要与小朋友分享,要懂礼貌,要谦虚,吃饭前要洗手……"一位高中学生,同龄人都十分羡慕他的学习成绩,其实这位"学霸"还是一个彬彬有礼、落落大方、十分讲究礼仪的"暖男"。他的父母说"这都是从小逐步养成的。自他会说话并且能听懂一些简单的要求起,我们就有意识地在各种场合下告诉他应当怎么做。比如早晨离开家时要和家人说'再见',到了幼儿园要问'阿姨好';在街上吃剩下的果皮或者冰棍棒要扔进垃圾箱；乘坐公交车当别人让位时要说'谢谢'；看到环卫工人，要告诉他正是有了他们辛勤的劳动，才有了我们整洁的城市"。这些都说明文明礼仪必须从小抓起，从家里开始，由低到高，从小到大，循序渐进，逐步提高。

中华民族在五千年的历史长河中创造了灿烂的文化，形成了高尚的道德准则、完整的礼仪规范和传统美德，被世人称为"文明古国""礼仪之邦"。礼仪作为中华传统文化的一个重要组成部分，时至今日仍然具有普遍的积极意义，我们应该根据社会的发展与进步，继承优秀的礼仪传统，这对于协调和谐的人际关系，塑造文明的社会风尚，搞好社会主义精神文明建设都具有重大意义。

礼仪是一个人内在涵养的外在表现，它不是装出来的，也不是临渴掘井掘出来的，归根结底是加强自身修养的结果。在家里，虽然日夜相守，知根知底，但是也必须讲究礼仪，注重修养。

一则《十大教养，让你气度非凡》的微信详细叙说了自身修养的十个方面，可供我们修身养性参考：一是守时。守时是对别人的尊重，约好的时间从不迟到。二是谈吐有节。交流时，从不打断别人的话，总是耐心听完对方的话再说自己的想法。三是态度和蔼。与他人交流时，注意力集中，面带微笑，眼睛看着对方，和蔼可亲。四是语气中肯。不高声喧哗，不哗众取宠，说话时心平气和，实事求是，既不夸大，也不缩小。五是注意交谈技巧。尊重别人的观点和意见，即使不同意，也不当面指责对方，而是耐心地说明自己的想法。六是不自傲。与人相处不傲慢、不特殊，总是能吸收别人的优点为己所用。七是信守承诺。说过的话，答应的事，一定尽力而为，绝不食言。八是关心他人。无论何时何地，对他人，特别是对老人、女士、儿童，总是关心照顾，给予方便。九是大度。胸怀宽广，做事大方，绝不会因为一些小事斤斤计较。十是富有同情心。对别人的困难、挫折、失败等除了同情，还能给予力所能及的帮助。

树立职业活动新理念

诚实守信是做人的根本，只有这样才能赢得别人的尊重，从而在社会上站稳脚跟。

人类社会的职业活动有着共同的规律，这些规律决定了现代社会的职业特点。明白这些特点，具有这些理念，从事任何工作都会取得优异的业绩。应该具有哪些理念呢？

第一，善于合作的理念。现代社会的突出标志是小生产转变为大生产。小生产以资源为主，大生产以市场为主。小生产自成体系，大生产分工协作。不论从事何种职业，都要认识到市场的重要性，善于合作，这是适应现代社会应有的基本素质。

第二，重视信息的理念。现代社会是一个信息社会，信息已经成了一种重要的资源。信息决定成败，成功永远属于善于获取并利用信息的人。

第三，终身学习的理念。科学技术的发展，催生了许多新的产业，社会结构发生了巨大的变化。这种变化要求所有的就业者必须确立终身学习的理念，不管你是什么学校毕业的，不管你取得过什么学位，都要重视继续学习，否则，必将被剧烈的变革所淘汰。

第四，敢于竞争的理念。随着国家经济建设的飞速发展，人们的物质生活和精神生活都发生了巨大的变化，生活方式、兴趣爱好、消费心理、成功秘籍都和过去大不相同。不管你是否意识到，每个人实际上都处于激烈的竞争之中。唯有确立竞争意识，不怕失败，敢于竞争，才能在竞争中立于不败之地。

第五，遵纪守法的理念。家有家规，国有国法，这些都是必须遵守的。否则，家将不家，国将不国。

第六，以变应变的理念。除了一些特殊行业外，相当一些职业并不能从一而终，这是现代职业的一个重要特点。信息传播越来越迅速，人际交往越来越频繁，科研成果越来越丰富，社会活动越来越多变，"以不变应万变"的思维方式已经不适应新形势了，必须转换观念，以变应变。

第七，诚实守信的理念。诚实守信的人言行一致，表里如一，不欺诈，不虚假，只有这样的人才能创造出令人信服的品牌。诚实守信是做人的根本，只有这样才能赢得别人的尊重，从而在社会上站稳脚跟。

星星点亮黑夜，感恩照亮心灵

具有感恩的道德情操，既享受着别人的尊重，又享受着感恩别人的愉悦，这就是幸福人生。具有道德情操的人才会有幸福人生。

从社会属性来说，人来到这个世界上就是来感恩的，因为我们每个人都生活在他人的理解、尊重、信任、友善和帮助之中，我们每个人又需要对他人理解、尊重、信任、友善和提供帮助，这就是感恩。感恩是经常的、永久的、多方面的。具有感恩的道德情操，既享受着别人的尊重，又享受着感恩别人的愉悦，这就是幸福人生。具有道德情操的人才会有幸福人生。

感恩父母，因为那是我们生命的源泉。父母对子女的爱是我们一辈子也难以偿还得了的。我们的父母为子女操了一辈子的心，尽了一辈子的责，仅仅是当他们不能自理了，才需要我们送他们走完最后一程人生之路。感恩父母吧！不知道感恩父母的人是没有人看得起的。

感恩中国共产党，因为那是带领我们的祖辈们经过浴血奋战才获得解放的中流砥柱，是我们砥砺前行的指路明灯。没有共产党,就没有新中国,否定中国共产党的领导,中华民族将会陷入灾难的深渊。

感恩老师,因为那是我们精神生活、文化素养的导师。没有老师的教导,没有老师母亲般的付出,我们必然混沌无知。老师对学生的要求并不高,学有所成,进入社会后有所作为,这就是老师的期盼。感恩老师就是做好自己的事:还在上学的,好好学习,全面成长;已经走上工作岗位的,好好工作,事业有成。

感恩大自然,因为那是我们赖以生存的家园。没有大自然的慷慨付出,就没有我们人类的生存空间。感恩大自然就是爱护大自然,停止对生态的伤害,精心维护自己的家园,为了别人,也是为了自己。

感恩帮助过自己的人,因为那是我们犹如黑暗里遇到的一束亮光。永记别人对自己的帮助,不仅是一种良好品德,还是一种激励,激励自己也要帮助别人。自己对别人的帮助,能忘记一定忘记,如果牢牢记着,时间长了就会变成一种包袱、一种负担,念念不忘,斤斤计较,压得自己喘不过气来。

感恩反对过自己并且证明反对错了的人,因为那是一种警示,也是一种帮助,提醒自己少走弯路,少犯错误。

感恩苦难,因为它锤炼了我们,会使我们更加坚强。苦难是每个人都必然经受的成长历程,它是疫苗,能使我们增强免疫力;它是财富,能让我们成熟、理智、清醒、坚强。

感恩机遇,因为那些稍纵即逝的瞬间恰恰是我们回报社会的极好机会。命运就是机遇,认准时机,抓住机会,全力以赴去实现自己的梦想。

消费的层次、观念与原则

在家庭消费上,夫妻双方一定要达成共识,充分尊重对方意见,不可独自做主。达成共识是为了家庭和谐。

家庭消费分为生存型、享受型、发展型三种。生存型消费就是满足人们生理需求的消费,比如衣食住行等。享受型消费是高层次消费,虽然也离不开衣食住行,但是讲究快乐、舒适、高档次。发展型消费是在享受型消费得到满足以后,为了追求更高层次的发展而产生的消费需求,比如继续学习、外出进修、对子女教育上的投入等。

消费观念决定消费行为。在生活水平极大提高的今天,我们更应该具有正确的消费观念。比如立足改善的观念。国家大力发展经济的目的,我们努力工作的目的,全是为了极大地满足物质生活与精神生活的需要。立足改善,不做"财奴",该享受、能享受的,"理直气壮"地享受。比如勤俭节约的观念。即使富裕了,也不应大手大脚,挥霍无度,中华民族勤俭节约的传统美德任何时候都不能丢掉。比如不攀不比的观念。互相攀比是毫无意义的"土豪"习气，是虚荣心作怪，正确的观念应该在工作上竞争，而不是在生活上攀比。

观念是思想意识，是在实践中逐步形成的。原则是规定的、强制的，是必须执行的。除了树立正确的消费观念，我们还应该遵循以下消费原则：第一，生活优先原则。"家有三件事，先从急的来"。急的是什么？生活需要。第二，学习投资原则。在瞬息万变的现代社会，必须重视学习，无论对自己，还是对孩子，都要在学习上舍得投入，有足够的投入。第三，学会享受原则。学会享受就是该花的钱舍得花，不该花的钱决不花，你的消费对自己来说是享受，在别人看来是应该，这就是会享受。第四，量入为出原则。有多少钱，办多少事，决不牵强，有明确的计划与目的。第五，关注公益原则。关注公益的形式是多种多样的，同情、理解、赞赏是关注，愤怒、谴责、反对也是关注；出工、出力是关注，捐钱、捐物也是关注。关注公益就是关注社会，社会发展了，我们的生活才可能有一个稳定祥和的环境。第六，达成共识原则。在家庭消费上，夫妻双方一定要达成共识，充分尊重对方意见，不可独自做主。达成共识是为了家庭和谐。

掌握常识，文明通信

　　通信必须有通信的规则，没有规则就会乱套，不仅一事无成，而且会贻害无穷。

　　进入现代社会后，通信手段越来越先进，通信方式越来越多样，通信应该注意的事项也越来越复杂。不要忽视通信常识，如果不加重视，轻者被人讥笑，重者受人责罚，更有甚者会上当受骗，不仅自己受损，而且还会伤及他人，再严重的，会走上犯罪道路。这些现象是存在的，绝非危言耸听。

　　多数情况下，通信是在不见面的状态下进行交往的。即使不见面，也要遵守人际交往的基本常识。比如，接听电话时要问候"你好"，通话结束时要说"再见"，别人帮助了自己要说"谢谢"，别人感谢了自己要说"不客气"。网络短信、微信聊天，或者讨论问题，绝对禁止使用侮辱、谩骂、肮脏用语，一定要注意语言文明。近年来兴起的"网群"，是志趣相投的网民们相互交往的一种形式，一旦进了群，就要遵守群里约定俗成的规矩，尊重每一位群友。对于短信或者微信要及时回复，要礼尚往来。通信交往中，要尊重对方，不管平民百姓，还是老板高官，进了一个群，就是群友，就是朋友，朋友之间应该平等友善，以礼相待。要尊重对方隐私，不追问对方的姓名、年龄、工作单位、家庭住址、职务级别、经济状况等，尤其不要询问女性朋友的年龄、身高、体重、婚姻等。

通信必须有通信的规则，没有规则就会乱套，不仅一事无成，而且会贻害无穷。第一，不制作、不转发反社会言论。少数仇视共产党和社会主义制度的人，唯恐天下不乱，利用网络传播反社会言论，攻击现行方针政策，甚至拜倒在外国人脚下，配合国外反华势力妄图分裂我们的国家，对此我们要坚决抵制。第二，不制作、不转发黄色信息。某些人或者媒体为了吸引人们眼球，不惜以伤害人的心灵为代价，制作、传播黄色信息，庸俗低下，不堪入目，它会让年轻人误入歧途，沉迷于色情之中，失去向善向上的动力。第三，不制作、不转发欺诈不实的信息。利用网络诈骗钱财屡见不鲜，诈骗人自有人管他，受骗人自己要提高警惕，克服侥幸心理，不信谣，不传谣，自己保护自己。第四，不借助网络攻击他人。网络是传播信息的，不是用来发泄私愤、攻击他人的。

说话是有讲究的

说话可以反映一个人的整体素质，这种素质集中表现在说话的内容上、形式上，以及说话时机的把控上。

说话是有讲究的，说好了是一种艺术，艺术是可以影响人、感动人、激励人的。说话既能给你带来赞赏，也会给你带来蔑视；既会给你带来成功，也会给你带来失败。"敢说话是成功的前提，善说话是成功的基础。"著名诗人马雅可夫斯基曾经说过："语言是人的力量的统帅。"可见语言不仅是一种力量，而且还是最重要的、统领一切的统帅。

说话可以反映一个人的整体素质，这种素质集中表现在说话的内容上、形式上，以及说话时机的把控上。比如倾听，如果是善于倾听，耐心倾听，那就是一种艺术、一种素养，因为听的过程就是理解、消化、思考的过程。善于倾听的人，他说的话具有针对性，容易为别人所接受。善于倾听的人，总是默默接受父母的唠叨，因为他知道父母的唠叨是一种天然的、纯朴的爱。善于倾听的人，决不随意打断别人说话，因为他知道随意打断别人说话是一种不礼貌的表现。

"应该说什么"是千差万别的，而"不应该说什么"和"不应该怎么说"人们却有高度的共识：一是不说伤人的话。伤害别人自尊的话就是伤人的话，它像打人脸一样伤害人心。二是不说狂傲的话。狂傲的话就是夸张过度，不着边际，吹得天花乱坠，用意是抬高自己，结果是适得其反。三是不说泄气的话。有的人是泄自己的气，结果越泄越没了志气，缺了骨气，让人看不起。有的人是泄别人的气，这种人让人觉得不可交，不可靠，纷纷离他而去。四是不说赌气的话。有的人是和自己赌气，结果越赌气越大，自己和自己生气。有的人和别人赌气，结果也是越赌越气，伤了和气，失了友谊。五是不说粗野的话。粗野的话就是脏话，或者是放荡不羁、口无遮拦、漫无边际的话。这样的人素质低下，让人看不起。六是不说低俗的话。低俗的话就是见不得阳光、拿不到桌面上的话。这样的人心里阴暗，胸无大志，终归成不了气候。七是不说过头的话。过头的话就是说早了、说过了、说冒了。这样的人傲慢、狂妄、靠不住、不可信。八是不说谄媚的话。谄媚的话就是为了一己私利，说一些卑微屈节、低三下四的话。一定要记住：可以谦虚，但是绝不可以谄媚。九是不抢着说话。要想着说，不要抢着说，抢着说往往会说错话。十是不打断别人说话。打断别人的话是极不礼貌的，一定要等别人说完了再说。十一是不看人说话。见人说人话，见鬼说鬼话，用得着人家时说好话，用不着时爱理不理，对上司唯唯诺诺，对百姓咋咋呼呼。这种人不可信、不可交。十二是不以讹传讹。在信息爆炸的今天，尤其要注意信息的真实性，决不可主观臆断，添油加醋，以讹传讹。十三是不肆意评说。没有弄清楚就说长道短，评头论足，或者当面不说，背后乱说，这是一种十分丑陋的现象。请记住：你可以批评人，但是绝对不可以听到风便是雨，妄自猜测。十四是不唠叨啰唆。俗话说"事不过三"，就是说至多说三遍就可以了，不要没完没了地说，那样会让人逆反。十五是不反复无常。"君子一言，驷马难追。"说了的话，一定要算数，不能今天说明天变，那就不可信，从而因为缺乏信用，让人看不起。

遵守餐桌礼仪

不要忽视如何就餐，饭桌上没有文化，缺乏修养，照样被人看不起。

饭桌见人品，吃饭的表现，同样可以判断出一个家庭的家教如何。不要忽视如何就餐，饭桌上没有文化，缺乏修养，照样被人看不起。也许有人会说，吃饭就是吃饭，谁不会吃饭，还有什么文化？是的，我们中的许多人严格来说是不会吃饭的，表现得没有文化。比如吃饭时说三道四，评头论足，愿意吃的吃个没完，全然不顾还有旁人；边吃边说，高声喧哗，吵得大家不得安宁；享用自助餐时不守自助餐的基本规矩，见什么拿什么，饭后剩下一大堆；吃完饭悠然自得，扬长而去，全然不顾及其他客人，更不知道感谢服务人员；还有人到饭店大摆架子，大耍威风，忘乎所以，自以为是，对服务人员态度蛮横，言语难听，甚至训斥服务人员；与老人同餐时，不知道照顾老人，也不征求老人意见。有的人边吃饭，边打电话，嘻嘻哈哈，语言粗鲁，且不认为这是没有礼貌，反而认为是一种时尚。这些都是缺乏修养、没有文化的表现。

如何吃饭正在引起人们的普遍关注，微信里不时传来诸如《用餐禁忌须知》《中国老规矩》这样的信息，对于如何就餐讲述得非常细致到位，归纳起来主要应该做到以下四点：一是要静。"食不语"是我们祖宗传下来的老规矩，即使必须说话，也不能高声喧哗，大呼小叫，而要轻声细语。吃饭时，不能发出吧唧吧唧的声响，不能敲打碗盘，不能随意走动。二是要慢。吃饭要慢，细嚼慢咽；动手要慢，长辈或客人动手后自己再动手；说话要慢，不要抢着说，长辈或客人有问询时再说；离开餐桌时要慢，等长辈和客人离开后再走。三是要细。就是要注意细节，比如吃什么饭，点什么菜，要征求长辈或他人的意见，咀嚼时不要发出不雅的声响，不打电话，必须接听时要轻轻离开饭桌。不用自己的筷子为别人夹菜，服装要整洁，不要撸袖管和裤腿，更不要叉着腿，弯着腰，乱抖腿。四要俭。节俭是中华民族的优良传统，即便我们现在生活变好了，节俭的传统仍然不能丢弃，还应该发扬光大。在家吃饭，尽可能不剩饭菜。外出就餐时，不摆排场，不要阔气，剩下的饭菜要打包带走。吃自助餐时，吃多少拿多少，吃什么拿什么，做到饭后盘光。

做一个人们愿意与你交往的人

　　你诚信，谁都愿意和你靠近；你认真，谁都会对你放心；你诚恳，谁都愿意和你交往。

　　交往是人类社会最重要的活动，正是有了交往，人与人之间的感情才越来越深厚，信息才越来越畅通，技能才越来越改进，分工才越来越细化，合作才越来越广泛，物质才越来越丰富。社会是在交往中发展的，文明是在交往中深化的，物质是在交往中互补的，没有了交往是不可想象的。

　　"你诚信，谁都愿意和你靠近；你认真，谁都会对你放心；你诚恳，谁都愿意和你交往。"这些话告诉我们：与人交往，首先要做一个人们愿意和你交往的人。人们愿意和什么样的人交往？一则标题为《做人十要十不要》的微信做了非常具体的回答。要爱国。爱国包括爱家庭，爱家乡。家与国是不可分的，有国才有家。假如没有了国，我们就不是"主人翁"，而成了"亡国奴"。要敬业。敬业就是做好本职工作，做好本职工作就是奉献社会。要尊法。尊法包括知法、守法、护法。尊重法律的严肃性，是一个公民应有的义务和责任。要拼搏。现代社会信息多，传播快，竞争激烈，想要取得成功，唯一的出路是敢于创新，勇于拼搏。要守时。守时意味着尊重他人，敬畏生命，因为时间就是生命，时间就是效率。要孝顺。孝顺父母长辈，友爱兄弟姐妹，是做人的根本，也是做人的底线。对家人的态度，反映了一个人真正的品质。要善良。善良是修身养性最好的方法，也是为人处世最好的方法，任何人都愿意和善良的人交往。要勤奋。"天道酬勤"。勤奋是成就大事的根本，奇迹是奋斗出来的。要宽容。能容忍一切委屈、怨恨和不理解，这叫"有容乃大"。能容忍不是无能，不是怯懦，不是退缩，而是不愿意把时间消耗在无原则的纠缠上。要低调。低调就是说话做事不张扬，恬淡从容，收敛含蓄，多做少说，甚至不说。要诚实。诚实是一种美德，是立身之本，唯有诚实才能取信于人。要守信。守信是一种可贵的人格魅力，说话算数，答应的事一定兑现。

网络世界的生存法则

互联网是一把双刃剑,既要看到它的利,也应看到它的弊。

网络的出现,为获取、储存、传播、利用信息提供了极大的便利,世界上所有的信息,上至国家大事,下到一家一户的农副产品,甚至地摊上买卖双方的交易,都可以通过网络进行。这就是信息时代,这就是地球村,我们每一个人都是网民。

网络的现代意义在于它极大地反映了社会的发展与进步,为所有的人了解社会、参与变革以及更加方便地交往、生活、学习提供了条件。国家通过网络实施国家机器职能,各项立法及方针政策通过网络下达民众;民众的意见通过网络上传国家,这就为国家的发展奠定了坚实的民意基础。各个系统、各个单位、各级组织都在网上有自己的网站,通过网络发布决定和措施。这种公开化,促进了民主化,使决策更加科学,措施更好落实。网络与我们每一个人都息息相关,形象的说法就是我们都生活在一张大网里,离开了网络就离开了社会,那是无法生活的。

互联网改变了我们的生活、学习、工作方式,这是肯定的。但是，当它给我们带来便利的同时，也带来了一定的隐患。互联网是一把双刃剑，既要看到它的利，也应看到它的弊。比如，有人利用网络盗取国家机密；有人利用网络散布谣言，蛊惑人心，进行反社会活动；有人利用网络诈骗别人钱财；有人利用网络制作、传播淫秽内容，毒害青少年一代；更有甚者破坏网络安全，致使某些地区或者系统的网络陷入瘫痪状态。网络世界并不平静，唯有遵循共同的生存法则才能相安无事，享受网络带给我们的精彩。

  网络世界如何生存？首先是遵纪守法。为了构建网络安全新秩序，国家对网络安全十分重视，制定了一系列法律法规。对此，每一个网民都应该自觉遵守，网络安全了，自己才会安全。除了国家公布的法律法规外，各个系统、各个单位、各级组织也都有相应的规章制度和纪律。这些规章制度和纪律更加细化和具体，也是每个网民都必须遵循的。其次要懂得规矩，讲究道德。网络世界有许多特定的规矩，这些规矩是网民们相互交往的基本常识，涉及每个网民的基本素质。网络交往虽然不是面对面，也可能互不相识，但是也要讲究道德，懂得规矩，依规上网，同样十分重要。接受什么信息，发布什么信息，都是个人涵养和道德水平决定的，唯有大家都讲究道德，我们的生存才会安全，网络世界才能文明。

老吾老，以及人之老

孝敬父母尤其要尊重他们，尊重他们长期养成的习惯，尊重他们的所喜所好，尊重他们的意见或建议。

我国法律规定：父母对子女有抚养教育的义务，子女对父母有赡养扶助的义务。赡养有三层含义：一是物质上供养。没有经济来源的，子女们应该无条件地全部承担父母的物质需求。有经济来源的，无论多少，都是父母的，作为子女，必须自食其力，决不能躺在父母身上混日子。二是生活上照料。"养儿防老"是我们的传统习俗。防什么老？生活上无依无靠的老，不能自理的老。三是精神上关怀。随着经济的发展，国家对老年人出台了许多关照政策，物质需求已经不是主要矛盾，当前的主要需求是精神上关怀。老人需要的精神关怀其实很简单：打个电话，问候几句，或者休息日回去看看，这是所有子女都可以做到的。

什么是孝顺？尽心尽力奉养父母，身体力行尊重父母。还有人解释说，孝顺的关键是顺，只要不违背原则，不伤害他人，顺着老人便是孝。

随着经济的迅速发展，人们的生活方式发生了巨大的变化。新的形势下我们如何做才算孝敬老人呢？第一，自立自强，家庭和睦，让父母放心。重要的是不增加父母负担，更不能当"啃老族"。兢兢业业做好自己的事，忠心耿耿投身于国家的建设中，夫妻和谐，家庭和睦，遵纪守法，免得父母担心，这就是忠孝两全，这就是对父母最大的孝敬。第二，给父母生活上提供必要的保障。对父母，尤其是高龄父母，子女们在衣食住行上要让他们老有所依，起居无忧。节假日常回家看看，帮助解决一些他们做起来有困难的事情，尽可能为父母"减负"。第三，精神上给父母安慰，让他们开心。自己有什么高兴事说给父母听听，分享你的喜悦。自己有什么困难，给父母说说，听听他们的建议。另外，多方面创造条件，培养父母的兴趣爱好，比如养花、健身、跳舞、唱歌等，参与社会活动，多与外界交流沟通。第四，理解和尊重父母。孝顺父母的深层次含义是对父母的理解与尊重。小时候子女把父母当成依靠，有父母在身旁便觉得幸福安全。人老了，父母会把子女当成依靠，有孩子在身边他们会觉得幸福安全。这是父母的普遍心理，我们要理解。孝敬父母尤其要尊重他们，尊重他们长期养成的习惯，尊重他们的所喜所好，尊重他们的意见或建议。天下所有父母都是伟大的，都值得我们崇敬，都值得我们尊重。

维系亲情，守护友情

维系亲戚之间的特殊关系既对一个家族有益，也对整个国家有益，因为它是以友善、和谐为基础的。

有血缘关系或者婚姻关系的家庭之间、成员之间称为亲戚关系。亲戚关系就是一张大网，把家与家、人与人都网在这个大网里。无论父亲的还是母亲的，直系的还是旁系的，近亲的还是远亲的，都是亲戚关系。中国人是十分重视亲情的，许多不成文的规矩传承了数千年，至今我们依然严守着这些老规矩，这是一种十分可喜的现象。

维系亲戚之间的特殊关系既对一个家族有益，也对整个国家有益，因为它是以友善、和谐为基础的。如何维系亲戚之间的关系？一是要经常走动。人与人之间的感情是长期接触而产生的，经常走动就是接触。走动的形式有直接的，比如见见面，说说话，既亲切又方便。有间接的，比如打个电话，发个信息，还可以通过视频交流。二是互相帮助。谁家都会有困难，有了困难谁都希望得到帮助。俗话说"患难见真情"，考验人与人之间情谊的是"共患难"。帮助也是多种多样的，有物质的，但是更多的是精神方面的，比如安慰、同情、劝告、陪伴等。三是尊重对方。亲戚之间归根结底也是人际关系，人际交往的基本原则是互相尊重，这是底线，不论贫富，不论远近，不论平民还是高官，都要尊重对方，唯有互相尊重才能维系亲戚之间的亲情。

朋友就是彼此了解，并且有交情的人。朋友不在数量，而在质量。所有人都有自己的朋友，这是一种正常的人际交往，也是每个人正常的心理需要。但是交什么样的朋友却是大有讲究的，千万不可随随便便，正如一则微信说的那样："与凤凰同飞，必是俊鸟；与虎狼同行，必是猛兽。你能走多远，看你与谁同行。"人都是会被感染的，"近朱者赤，近墨者黑"就是这一现象的高度概括。一则微信说得更具体："和阳光的人在一起，心里就不晦暗。和快乐的人在一起，嘴就常带微笑。和进取的人在一起，行动就不会落后。和大方的人在一起，处事就不会小气。和睿智的人在一起，遇事就不会迷茫。和聪明的人在一起，做事就会敏捷。"这叫"借人之智，完善自己"。

网上盛传要和"靠谱"的人交往。什么是"靠谱"？靠谱就是约好做一件事，一定要落到实处，即使没有落实，也要及时反馈原因。凡事有交代，件件有落实，事事有回音，这叫"闭环思维"。所以，与人交往一定要守时，这是最基本的道德底线。交往中实事求是，虚怀若谷，不夸大，不缩小，审时度势，克制贪欲，有取有舍，依法行事。朋友间互帮互助不是为了回报，只因有着那份情缘。

坚持有意义的休闲

如何让休闲更有意义？不妨做一些有意义的事情。

全年365天，休闲的天数要占到30%以上。如果不会休闲，比如周六周日全部用于家务，或者忙于孩子的补习班、兴趣班、特长班，或把休闲时间卖给了电视机或麻将桌，忙得一塌糊涂，就是不会休闲。

如何让休闲更有意义？不妨做一些有意义的事情。

探亲访友。探亲就是看望父母亲或者有关亲戚，访友就是看望朋友。如果和父母是分开居住的，除了电话常常问询外，休闲时间必须亲自探望父母。父母对子女的要求并不苛刻，无非是"常回家看看"，说说话，吃吃饭，刷刷锅，洗洗碗，或帮父母捶捶背，揉揉肩，这是每一个做儿女的都可以做到也应该做到的。朋友是需要经常走动的，有时候电话微信聊天，有时候面对面交流，朋友之间的友情正是有了交往才显得知根知底，情真意切。

学会欣赏。欣赏什么？一是电影。一部电影不过两个小时左右，但是通过它可以了解几年、几十年甚至上百成千年的变迁，让你在"变"的过程中感悟过去,认识现在,规划未来。二是戏剧。一出戏就是一本书,一个角色就是一个现实的人。"戏如人生,人生如戏",只有在欣赏中才能慢慢感悟其中的道理。三是听音乐。音乐是乐器的语言,是作者的心声,声音的高低缓急都是作者在诉说,坚持听下去,你会发现你在与作者对话,共同享受人世间的美好。四是就近参观博物馆。博物就是物品广盛、丰富、古旧、精美,是历史的见证。参观博物馆是与历史对话,可以让我们博古通今。五是就近参观不定期举办的各种展览,拓宽视野,增长知识,陶冶情操。

旅游。旅游是"三福临门":享眼福,欣赏各地的美丽风光;享耳福,倾听各地的美好传说;享口福,品尝各地的精美菜肴。再往里说,旅游可以和读书比美,自古就有"读万卷书,行万里路"的说法,旅游可以拓展胸怀,增长见识,让我们的生活变得更加有滋有味。

读书。读书是度过休闲时间的最好习惯,有条件的在家里读书,没有条件的到附近的图书馆读书。家长带头读书,本身就是教育,它会影响孩子逐渐形成良好的读书习惯。请记住:人会在读书中变得更美,因为你有书卷气。

健身。参与体育活动也是一种休闲。假日是休息日,休息日不等于睡觉日,而应该走进体育健身的行列中,参与锻炼才是一种积极的休息。

挫折是一只走向成功的船

人这一生就是一步一步走，一步一步扔。走出的是路，扔掉的是包袱。这样，路会越走越长，心会越走越静。

挫折包括困难、失败、自尊心受到伤害、感情生活遇到风波，以及无端的怀疑、猜测或者处分等。是勇于面对，还是一蹶不振？两种态度会产生两种截然不同的结果。现实中，奋争者大有人在，屈服者也屡见不鲜。生病了，明明是一种自然现象，谁也可能生病，但是有的人却埋怨老天不公。有人事情没有做好，按说也是一种正常现象，谁也不敢说自己是"常胜将军"。但是有的人却不从主观上找原因，反而怨天尤人，把所有的过错全推给客观。类似的情况还有很多。所以，可怕的不是挫折，不是失败，而是遭遇挫折后自己的态度。埋怨别人，埋怨客观，不愿反思，不善总结，还会遭遇挫折。不怨天，不怨地，冷静之后反思遭遇挫折的原因，总结经验教训，即使再遇到挫折也能渡过难关，去收获本应属于自己的成功。

提高承受挫折的能力，须从宽容豁达、自信乐观、自强不息的人格修养做起。一则《困难时记住六句话》对于如何面对挫折很有帮助。现把这六句话抄录如下，供那些遭受挫折的朋友们参考。一是谁都有困难，谁都不容易。二是与其抱怨，不如奋斗。三是经历了困难，成功就在不远处。四是没有谁会随随便便取得成功。五是成功之前，别告诉任何人。六是有时候放弃也是一种选择。

虽然遭遇挫折的程度不同，性质有别，但是，所有人在遭受挫折时的心态是大致相同的。因此，保持良好的心态是非常重要的，尤其是遭遇挫折时更为重要。一旦遭遇挫折后如何调整好自己的心态呢？一是自我安慰，默默告诉自己人生就是战胜挫折的过程，没有苦难，没有挫折，没有奋斗，是不完整的人生。二是与知己交流，把挫折说给知己，听听知己的安慰，也听听知己的建议，在交流中淡化遭遇挫折的伤痛，振作奋斗的信心。三是兴趣转移，一段时间里做一些自己未曾做过的事情，想一些不曾想过的问题，转移对挫折的苦恼。这样做一方面是转移注意力，另一方面是积蓄力量，以利再战。四是重新规划，继续奋斗。记住两句非常励志的话："不要怨天尤人，不要自暴自弃。""跌倒了，站起来，继续前行，方为好汉。"还有一句更有哲理："人这一生就是一步一步走，一步一步扔。走出的是路，扔掉的是包袱。这样，路会越走越长，心会越走越静。"

书中自有黄金屋

家长不仅要读书，而且要买书，每年拿出一点钱买书，日积月累，十年，几十年之后，就可以积累一大批书，这是留给孩子们最珍贵的精神财富，比什么都有用，都值钱！

读书不仅可以增长知识，而且可以内化修养，能把良好的思想品德内化在血液里，从而在气质和言谈中，以及为人处世、一举一动中体现出来。读书能让家庭和睦，夫妻恩爱，尤其会让孩子受到感染。爱读书的父母在孩子的心目中就是一本书，一本感染孩子成人成才的好书。

书是我们精神生活的导师，我们的思维活动、心理状态、思想意识，以及由此而产生的思想观念、行动方向和行动策略等，都是精神生活。正是有了精神生活，并且不断得到提高和充实，人类才能在丰富多彩的精神生活里改变自己，提高自己。而读书正是这种精神生活的一种主要形式。曾国藩说："书味深者，面目粹润。"意思是说喜欢读书并且体会深透的人，面目纯粹滋润，因为读书可以训练思维，可以造就一个成熟的人，可以培养一个前途无量的人。读书可以改变人的气质，如活泼开朗、沉着冷静、谈吐有节，让人觉得此人风度翩翩，气度不凡。

书是上一代人对下一代人的嘱托。赫尔岑说："书，是这一代对下一代精神上的遗训，是行将就木的老人对刚刚开始生活的年轻人的忠告，是行将去休息的站岗人对未来接替他的岗位的站岗人的命令。"多么形象！多么深刻！上一代人经历久，见识广，所有的书无一不是上一代人经历与见识的结晶，正像赫尔岑所说的那样，是"遗训"，是"忠告"，是"命令"。经历是一种可贵的财富，所以，读书能让人变得高雅，变得聪明，变得坚强。见识是一种可贵的资本，读书能让人变得厚实，变得睿智，变得勇敢。读书吧，有所作为时要读书，失败了，困惑了，犹豫了，更要读书。

书是文化素养的宝库。文化是人类创造的精神财富和物质财富的总和，比如文学素养、道德素养、政治素养、科学素养、身体素养等。而书籍涉及古今中外，内容包罗万象，一个人应该具有的文化素养基本上都可以从读书中获得。只要认真读书，能把书里的内容融化进自己的血液里，落实到行动上，就是一个高素质的、有教养的文化人。

书是指点迷津的航标。人生所遇到的困惑、迷茫、伤感等，大体上都可以在书里找到应对的指点，让人看到方向。人们可以在浩如烟海的书中世界拓展思路，增长见识，受到启发，丰富想象。读书是与伟人对话，与圣人谈心，与邪恶较量，与私欲决裂。读书吧，它会让人变得彬彬有礼，聪明睿智。

为了培养孩子健全的人格，良好的习惯，家长要带头读书。怎么读书？冯友兰先生说了四条：一是选其精，就是说自己特别有兴趣的，与自己工作有着密切关系的书刊要精读。一般的要泛读，关系不大的，不感兴趣的看看介绍，翻翻目录就行了。二是解其言，就是说要了解它的内容，理解它的含义。三是知其意，就是说要知道它的意图是什么，联系实际，知道和自己的关系。四是明其理，就是说要理解文章揭示的道理，尽可能变成自己做人做事的准则。归纳起来就是三句话：精彩的书要精读，要理解它的含义，要变成自己的灵魂。家长不仅要读书，而且要买书，每年拿出一点钱买书，日积月累，十年，几十年之后，就可以积累一大批书，这是留给孩子们最珍贵的精神财富，比什么都有用，都值钱！

在理解、尊重、信任中形成家校合力

为了孩子，务必与老师多接触，多交流，在交流中学习与孩子相处的好观念，好方法。

学校教育与家庭教育结合，实际上是通过家长与老师的合作来实现的。家长应该主动与老师接触，在接触中从老师那里学习教育孩子的理念与方法。尽管许多家长在自己工作的领域可能是佼佼者，但是因为家长从事的工作是多种多样的，大多数家长没有学过教育学、心理学等知识，教育自己的孩子就可能一筹莫展。而老师是专门从事教育工作的，历代老师不仅是传授知识的"经师"，也是教人如何做人的"人师"。为了孩子，务必与老师多接触，多交流，在交流中学习与孩子相处的好观念，好方法。

家长与老师交往中要互相理解，理解是交往的基础。老师要理解家长，家长把孩子送进学校，等于把希望托付于学校，寄托在老师身上。家长要理解老师，理解老师的辛苦。每个老师面对的是几十个甚至上百个性格特点、知识基础、认识能力极不一致的学生，要求所有的学生整齐划一地成长是不可能的。要理解老师的劳动是一种脑力劳动，脑力劳动是无法用时间去衡量、去评价的，并不是八小时以外就相安无事了，八小时以外他们还得备课、辅导、批改作业、制作课件等。要理解老师的工作需要创新，因为老师的工作具有重复性的特点，不创新就会产生职业倦怠，而创新就可能失败，这是特别需要家长理解的。

家长在与老师交往中要互相尊重，尊重可以强化彼此的感情。老师要尊重家长，每个家长都不容易，既要经营好自己的小家，又要做好自己的工作。无论他们从事什么工作，无论他们家境如何，都是社会的组成部分，都应该受到所有人的尊重。家长要尊重老师，每一个老师都不容易，面对那么多学生，他们都要在政治思想、道德品行、知识能力、心理素质上为学生做出榜样，打好基础。尊重老师，就是尊重教育，这是现代文明的一个重要标志。

家长在与老师交往中要互相信任，信任对双方都是一种动力。老师要相信家长，相信他们绝对会配合和支持学校的所有工作，因为他们有着渴望自己孩子成人成才的美好愿望。家长要相信老师，相信老师在学生的教育上是无私的，他们会倾其所有，他们把学生的成人成才作为自己的人生价值和理想追求，只要学生健康成长，他们再苦再累也无怨无悔。师生之间可能会出现一些矛盾，家长与老师之间也可能出现一些矛盾。对于不同的想法与做法，家长要冷静，先把情况弄清楚再决定如何解决，切莫使矛盾升级扩大。请记住：冲动是魔鬼！

表扬要讲究艺术

在家里,营造和谐温馨的家庭氛围也要靠表扬。

一则微信说"男人靠夸奖,女人靠赞赏,孩子靠表扬"。其实,夸奖、赞赏也都是表扬。在家里,营造和谐温馨的家庭氛围也要靠表扬。夫妻之间、父子母子之间、婆媳之间、兄弟姐妹之间,都应该坚持互相表扬。表扬是一种非常奇妙的教育和激励手段,尤其是对于正在中小学学习的孩子,今天表扬,明天可能呈现出另一番景象。美国的卡耐基小时候是公认的坏孩子,九岁时父亲把继母娶进家门,直截了当地对继母说卡耐基是一个"全村最坏的孩子",提醒她注意。继母对丈夫说:"你错了,他不是全村最坏的孩子,而是全村最聪明、最有创造力的男孩。只不过他还没有找到让他发泄热情的地方。"继母的话让卡耐基热泪盈眶,就是这句话,成了激励他一生的动力,使他创造了成功的 28 项黄金法则,帮助千千万万个普通人走上了成功和富裕之路,卡耐基也成了 20 世纪世界上最有影响的人物之一。

表扬的艺术是什么?温馨、优雅、动情,让人动心动情。比如,表扬要大张旗鼓,知道的人越多越好。无论大人还是小孩,谁都愿意受到表扬，得到夸奖。从心理学上说，这是一种向上向善的从众心理，人正是在这种心理支配下向着更加成熟的方向发展。表扬的目的在于激发人的内动力，让他感觉到自己存在的价值。因此，表扬要能留给被表扬的人以深刻的记忆。其中，文字表扬就是一个特别有效的手段。当下手机已经普及，利用短信和微信表扬是一种最方便、最巧妙、最文明的方法。我们通常的"点赞"就是表扬，对自己赞同的观点或者做法用"点赞"的方式加以肯定，表明自己的态度，真与假，善与恶，美与丑，爱与恨，全在这"一点"之中。表扬要灵活，要真诚，要及时，尤其是对孩子，什么时候好就什么时候表扬，什么好就表扬什么，努力发现孩子身上的闪光点，哪怕是微小的一点进步，也要及时予以肯定、鼓励和赞赏，千方百计激发他们的自信心和进取心。学习有困难的孩子就像久旱不雨的禾苗，更需要浇水灌溉，这水就是表扬。父母在关键时刻的一句恰如其分的话，往往能改变孩子的人生。自信是自立、自强的基础，所以要想方设法让孩子挺起胸膛，扬眉吐气，自信满满。除了口头和文字表扬外，许多情况下一个眼神，一个表情，一个动作，都可以起到赞赏的作用。轻轻拍一下肩膀，吻一下额头，含笑不语的赞赏，拍手鼓掌的肯定……总之，凡是让人感到振奋的表情动作都是表扬。一位中学生写了一篇题为《父亲的大拇指》的作文，好多人看后才知道这位父亲常常竖起大拇指表扬他，没有语言，仅仅是一个朴实的大拇指，就让这位中学生激动不已，成了他努力向上的动力源泉。

　　学会表扬，善于表扬，舍得表扬，让表扬成为我们生活中的"常客"，这对谁都有好处。

批评要讲究技巧

批评要讲究技巧,因为任何人都是不愿意受到批评的,只有"理智"的批评才能让人心服口服。

"家不是讲理的地方",不等于不存在"理",不管谁是谁非,既然有着正确与错误,有时候错误还是原则性的,那就需要讲讲道理,分分是非,该批评的还是要批评。批评是对缺点和错误提出意见,目的在于阻止缺点和错误继续发展,并且让犯错误的人认识到错在哪里,为什么错了,有什么危害,以及今后如何不犯类似或同样的错误。

批评要讲究技巧,因为任何人都是不愿意受到批评的,只有"理智"的批评才能让人心服口服、欣然接受,以下做法不妨试试:

一对一批评。顾名思义,就是批评时只有批评者和被批评者二人在场,再没有第三人。这样做实际上是对被批评人的一种尊重,他会理解批评人的良苦用心。这样做也是为被批评人搭个台阶,让他有尊严地走下错误的台阶。

隔日批评。就是今天的事情明天批评,或者上午的事情下午批评，间隔一段时间。因为一见错了就批评，批评的人正在火头上容易说过头话，做过火事。被批评的人由于刚刚做了错事或者说了错话，还没有觉得哪里错了，突如其来受到一顿猛批，难免接受不了。间隔一段时间，双方都冷静了再批评，这叫"冷处理"。冷的阶段，批评的人在思考他为什么会这样，如何批评更有效果。被批评的人也在考虑错在什么地方，为什么错了，有什么危害。双方的心情都平静了，都处于理智阶段，批评的效果会更好一些。

暗示批评。就是不用语言，对说错话做错事的人投去一个眼神，传递一个表情，做出一个动作，被批评的人便会意识到他错了。这种批评方式对于犯了一般性错误的人非常有效，因为保护了他的尊严，便于他改正错误。

重话轻说。这是从医生那里学来的。一般性的错误，话要说得重一点，引起他的重视。比较严重的错误，话要说得轻一点，减少他的压力，有利于他改正错误。批评不是为了整人，而是为了让犯了错误的人认识错误，改正错误。

就事论事。就是批评时不要翻旧账，现在错了就说现在的错，不要把过去的事再搬出来唠叨一遍，这样会引起被批评人的逆反，往往收不到理想的效果。

既要肯定，又要否定。批评时，首先应该肯定被批评人的优点，人总是优点多于缺点，正确多于错误的。批评是为了否定他的缺点和错误，不是对他全盘否定。如果把被批评的人说得一无是处，会造成他严重的心理伤痛，再要抚平伤痛必须付出巨大的努力。

惩戒要讲究尺度

什么情况下惩戒呢？这就需要把握好一个"度"，这个"度"就是"尺度"，同时把握好时机和方法，让被惩戒的人觉得应该惩戒，心服口服。

惩戒是指对有违章制度或者道德规范的一般行为的处分、规劝、告诫，多用于家长对孩子。国有国法，家有家规，犯了国法就得受到法律惩罚，犯了家规也得受到必要的惩戒。

什么情况下惩戒呢？这就需要把握好一个"度"，这个"度"就是"尺度"，同时把握好时机和方法，让被惩戒的人觉得应该惩戒，心服口服。一是同一类错话、错事多次出现，不惩戒难以改正的。比如本该自己的事自己做，但却总是依赖父母。或者虽然自己做了，但却满不在乎，粗心大意，丢三落四。类似这样的情况就应该施以必要的惩戒。二是涉及道德品德的错话、错事，不惩戒可能模糊了成长导向的。德智体美劳五育中，德是灵魂。一个人若道德品行不好，即使再有才，不仅成不了气候，而且还会贻害社会。一旦发现道德品行上有问题，一定要严肃惩戒，绝不姑息迁就。三是事先已经告知，甚至反复告知的事情，比如要勤俭节约，要热爱劳动，要团结同学，要尊老爱幼，要诚实守信等，但是全部当作耳边风。不告知是父母的错，告知了而不当一回事那是孩子的错，错了就应该受到惩戒。

如何惩戒？总的原则是严禁体罚和变相体罚，严禁使用伤害孩子自尊心、自信心的语言。以下方法可供参考：一是批评教育。直截了当地指出哪里错了，为什么错了，有什么危害，需要注意什么。二是动作警告。用眼神、表情、动作引起孩子注意，起到惩戒作用。三是置之不理。就是冷处理，不理睬。孩子们最怕的是孤单，是得不到关注。当他们意识到自己错了并且愿意接近你时，再进行教育。四是限制活动。必须惩戒时，限制他参与他喜欢的活动，当他感觉到限制是一种不自由的滋味，因为错误而付出了代价时，会坚定他改正错误的决心。五是自我反省。和孩子共同制定规划，明白犯了错误就要受到惩戒，或者蹲墙角，或者坐板凳，或者面壁思过，或者禁止活动，这些都是对所犯错误负责。六是惩戒要个别进行。个别进行是为了维护被惩戒人的自尊心，让他有尊严地接受惩戒。七是说明原因。为什么要惩戒，事前一定要说明原因，尤其是对于尚未成年的孩子，既不要因为他们是孩子而不予惩戒，也不能因为他们是孩子就可以态度粗暴，简单从事，而应该在说明原因的情况下加以惩戒。这样做，会让被惩戒人知道哪里错了，为什么错了，今后如何避免再犯类似的错误。